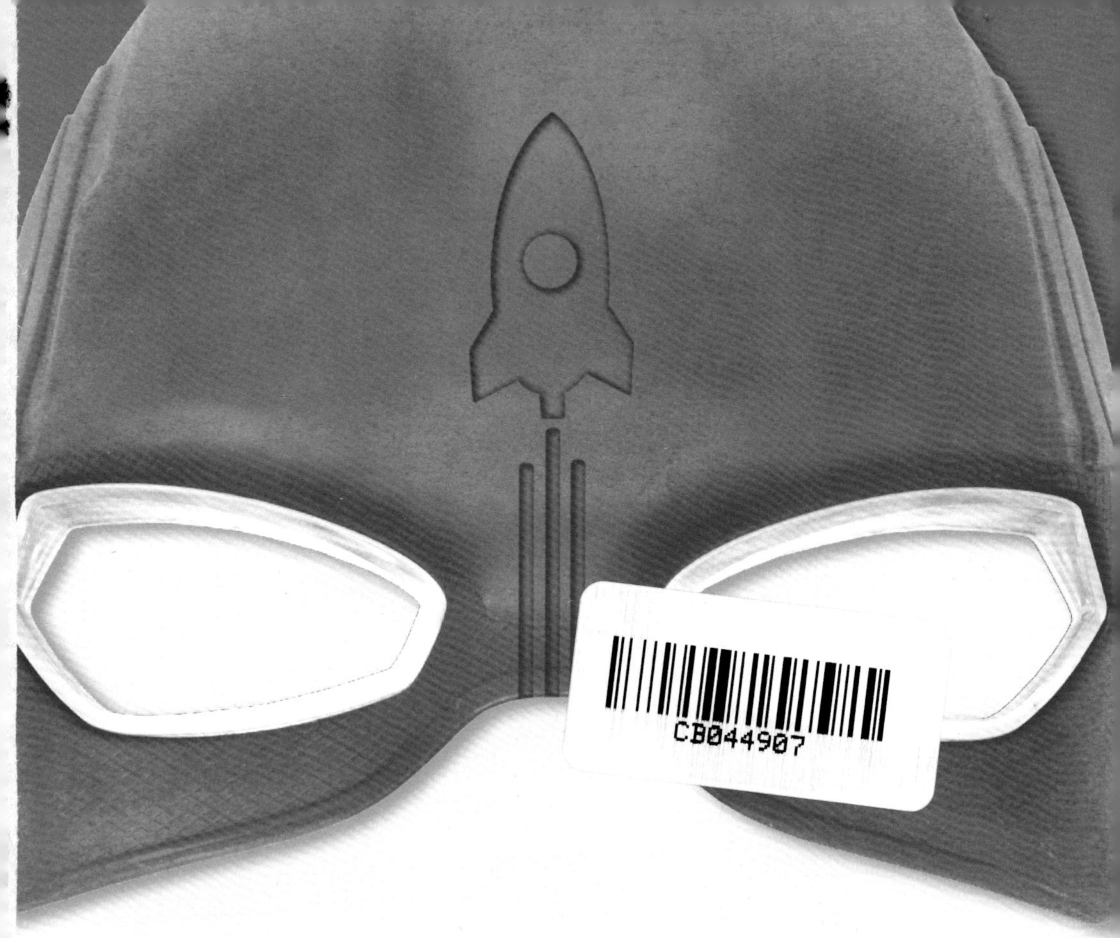

O BILIONÁRIO QUE CRIA BILIONÁRIOS

COMO SER O HERÓI DE SUA STARTUP

TIM DRAPER

FUNDAMENTO

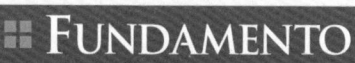

2021, Editora Fundamento Educacional Ltda.

Editor e edição de texto: Editora Fundamento
Arte de capa: Zuleika Iamashita
Editoração eletrônica: Muito Fixe (Kelly Sumeck)
CTP e impressão: SVP – Gráfica Pallotti
Tradução: Neuza Maria Simões Capelo

Copyright © 2017 by Timothy Cook Draper.

Todos os direitos reservados. Nenhuma parte deste livro pode ser arquivada, reproduzida ou transmitida em qualquer forma ou por qualquer meio, seja eletrônico ou mecânico, incluindo fotocópia e gravação de backup, sem permissão escrita do proprietário dos direitos.

Dados Internacionais de Catalogação na Publicação (CIP)
(Maria Isabel Schiavon Kinasz)

C116　Draper, Tim
O bilionário que cria bilionários - como ser o herói de sua startup / Tim Draper ; [versão brasileira da editora] – 1.ed. – São Paulo, SP : Editora Fundamento Educacional Ltda., 2021.

Título original: How to be the startup hero

1. Sucesso nos negócios. 2. Empreendorismo. 3. Criatividade nos negócios. I. Título.

CDD 658.8 (22.ed)
CDU 658.011.4

Índices para catálogo sistemático:
1. Sucesso nos negócios 658.8

Fundação Biblioteca Nacional

Depósito legal na Biblioteca Nacional, conforme Decreto nº 1.825, de dezembro de 1907.
Todos os direitos reservados no Brasil por Editora Fundamento Educacional Ltda.

Impresso no Brasil

Telefone: (41) 3015 9700
E-mail: info@editorafundamento.com.br
Site: www.editorafundamento.com.br

Esse livro foi impresso em papel pólen soft 80g/m² e a capa em papel-cartão 250 g/m².

O BILIONÁRIO QUE CRIA BILIONÁRIOS

COMO SER O HERÓI DE SUA STARTUP

TIM DRAPER

Guia e livro-texto para empreendedores
e aspirantes a empreendedores

Conteúdo

Prefácio
- Dedicatória 9
- Origens 13
- Introdução 32
- Não Faça Isso! 35

Juramento do Startup Hero
- Juramento do Startup Hero 47
- Promover a liberdade a todo custo 48
- Fazer tudo o que estiver a meu alcance para buscar, favorecer e desenvolver o progresso e a mudança 66
- Considerar primordiais a marca, o sistema e a reputação 83
- Oferecer exemplos positivos 96
- Inspirar bons hábitos. Cuidar de mim 101
- Fracassar diversas vezes até alcançar o sucesso 107
- Explorar o mundo com gosto e entusiasmo 125
- Tratar bem as pessoas 166
- Fazer sacrifícios de curto prazo para alcançar o sucesso de longo prazo 170
- Perseguir a justiça, a receptividade, a saúde e o prazer em todas as situações. Especialmente o prazer (E depois uma dança) 180
- Manter a palavra dada 200
- Esforçar-me ao máximo para reparar meus erros 205
- O compromisso do super-herói 210
- O compromisso do evangelismo 216
- O compromisso do cisne negro 231

Conclusão
- Nota final: o mestre do risco **237**
- Benção **239**
- Avaliação de um Startup Hero **241**
- Agradecimentos **247**

PREFÁCIO

Dedicatória

A MEU PAI, BILL DRAPER, MINHA ALMA

Meu pai vive com gosto e entusiasmo extraordinários. Pioneiro do capital de risco, começou a carreira em 1958, ano em que nasci. Foi presidente do EXIM Bank (Export-Import Bank of United States), administrador do Programa das Nações Unidas para o Desenvolvimento (PNUD) e o primeiro capitalista de risco na Índia. Após ter criado o primeiro fundo de empreendedorismo social, sustenta uma família estendida, que vai muito além do núcleo familiar... e é autor de um livro excelente: *The startup game*, publicado em português sob o título *O jogo das startups*. Recomendo a leitura, ajuda a aumentar seu entusiasmo. O otimismo dele é contagioso. Ele é meu Startup Hero.

O interesse genuíno que meu pai demonstra pelas pessoas faz com que todos simplesmente o amem. Dono de um extraordinário discernimento, ele consegue perceber qualidades em todos com quem se relaciona. Basta uma breve conversa para que ele identifique qual é a motivação e o potencial do outro. Esse é seu dom. Na vida, recebi muitos conselhos dele, inclusive estes: "Inclua mais 10%"; "Faça negócios de modo que todos fiquem felizes"; "Deixe a carteira e as chaves todos os dias no mesmo lugar"; "Apoie os vencedores". Mas talvez o melhor conselho tenha sido o que ele me deu quando insistiu que eu vendesse mesas em um evento de arrecadação de fundos para a candidatura daquele que viria a ser vice-presidente dos Estados Unidos: George H. W. Bush.

– Filho, vou lhe dizer uma coisa que seu avô me disse. Não importa quem compra ou quem vende. O mais importante é a conexão humana.

Esse é um conselho maravilhoso. Daquele momento em diante, nunca mais hesitei em pedir doações, fazer propostas (talvez exageradas) ou levantar dinheiro para meus fundos de capital de risco.

Tudo está relacionado à conexão humana. Minhas melhores relações profissionais e de amizade começaram com um pedido.

A MINHA MÃE, PHYLLIS DRAPER, MINHA GUIA

Minha mãe sempre desejou que eu tivesse boas maneiras, lesse os clássicos e aprendesse a datilografar. Ela me manteve vivo, me alimentou e me ensinou gramática. Criou um ambiente que favorecia o conhecimento e a criatividade, deixou que eu cuidasse do jardim e me abriu os olhos para a possibilidade de fazer um curso preparatório. E me acode sempre que preciso dela.

É também a pessoa mais forte que conheço. Certa vez, quando lhe perguntei se a doença de Parkinson era uma doença muito terrível, ela respondeu:

– Apenas um dos desafios da vida.

Ela continua a caminhar quase dois quilômetros por dia e a frequentar eventos que envolvem seus filhos e netos, apesar de suas limitações. Quando sofre uma queda, o que acontece com frequência por causa da doença, suas primeiras palavras sempre são:

– Estou bem.

A determinação e a perseverança de minha mãe servem de exemplo para todos. Ela é minha Startup Hero.

A MINHA ESPOSA, MELISSA, MEU AMOR

Melissa é minha base sólida, minha bússola moral, o farol que me orienta quando enfrento uma encruzilhada. Ela me empurra e me puxa. Ela me apresenta a um mundo de arte e flores, de decoração de interiores e vida urbana que eu não conheceria sozinho. Sua compreensão sobre as pessoas e sobre suas motivações, sua ponderação, seu claro discernimento entre certo e errado, seu raro senso de humor – ao mesmo tempo estranho e divertido –, o amor e a confiança que me dedica fazem de minha vida maravilhosa e tornaram possível este livro. Ela é meu abrigo durante a tempestade. As pessoas perguntam o que me move. A resposta é: Melissa. Ela me move em direção àquilo que tenho de melhor.

Juntos, criamos nossos quatro filhos para serem Startup Heroes. Ela é minha Startup Hero.

A MINHA ASSESSORA E ALIADA, KAREN MOSTES-WITHROW

Karen é minha fortaleza há quase trinta anos. Durante esse tempo, independentemente do que pudesse acontecer, eu sabia que poderia contar com o apoio de Karen. Sem ela, não teria feito a metade do que fiz. No trabalho, ela sabe do que preciso, antes que eu mesmo consiga perceber. Sua fé em mim é inabalável. Sua lealdade é incomparável. Ela trabalha a meu lado nos bons e nos maus momentos. Lembro-me em especial de uma ocasião em que, para fazer uma mudança, usamos uma caminhonete à qual demos o nome de "estudantes famintos". No meio do caminho, o veículo resolveu enguiçar, e tivemos que continuar a pé. Karen ficou comigo até a 1h30 da madrugada, carregando a mudança para o novo endereço. Quando lhe peço alguma coisa, ela simplesmente faz, por mais difícil que seja, o que me dá um fio de esperança quanto à possibilidade de haver algum método em minha loucura. Ela é minha Startup Hero.

A MEU PARCEIRO E AMIGO, CREE EDWARDS

Cree é meu mais antigo e caro amigo desde que dividíamos o mesmo cercadinho, quando bebês. Cree foi o autor da ideia do juramento em torno do qual organizamos este livro e tem sido um amigão nas horas certas ou incertas. Dei suporte às duas empresas criadas por ele, nas quais alcançou enorme sucesso. Atualmente, Cree integra a diretoria da Draper University. Adoramos competir em tudo, mas, ao mesmo tempo, buscamos a excelência e incentivamos um ao outro. Claro que Cree também decidiu escrever um livro. Portanto, ao combate, Startup Hero!

A TODOS OS OUTROS

Especial gratidão a Google, BrainyQuote e Wikipedia por disponibilizarem as respostas e informações de que precisei para organizar este livro. Espero que estejam corretas. Se não estiverem, vou saber com certeza. Meus agradecimentos a todos que menciono neste livro. Entendo que suas lembranças dos fatos podem ser diferentes das minhas, mas fiz o máximo para contar bem as histórias e espero que apreciem o espírito do livro. Felizmente, posso alterar a versão on-line sem precisar esperar uma nova edição. Se tiver uma recordação diferente da minha, por favor me informe, para que eu possa fazer as devidas alterações. Se eu não fizer isso, considere o caso como *fake news*. 😊

Origens

A HISTÓRIA DOS DRAPER

Meu avô paterno, o general William H. Draper, era como um dínamo. Ele foi o responsável pela parte econômica do Plano Marshall para o Japão e a Alemanha após a Segunda Guerra Mundial. Foi o primeiro subsecretário do Exército e o primeiro embaixador dos Estados Unidos na Otan. Depois de criar o planejamento familiar, atuou como delegado da Divisão de População da ONU e trabalhou com Mao Tsé-Tung na China, em 1970, em cima da política de planejamento familiar, que resultou, em 1979, na política do filho único. Enquanto esteve na Dillon, Read & Co., financiou a ponte da baía de San Francisco. Para cursar a faculdade, tornou-se o "mago da motocicleta". No entanto, talvez sua maior contribuição para o mundo tenha sido o papel de primeiro capitalista de risco no Vale do Silício, ao fundar a Draper, Gaither & Anderson em 1957.

Já meu avô materno, William Culbertson, era um agregador. Como presidente da Merrill Lynch International, percebeu que sua facilidade no trato com as pessoas seria um meio de captar investidores para o mercado de ações. Então, instalou escritórios de corretagem da Merrill Lynch pelo mundo.

Meu pai, William H. Draper III, é um pioneiro, em especial no capital de risco, ao financiar a empresa precursora de software, a Activision, os primeiros fabricantes de disquetes, Quantum e Priam, a primeira empresa de DNA agrícola, a Hybritech, e a empresa Qume, do imigrante chinês David Lee, que inaugurou o empreendedorismo no Vale do Silício, com o lançamento da impressora margarida.

Em 1981, meu pai foi indicado pelo presidente Ronald Reagan para o cargo de presidente do Export-Import Bank of United States, quando levou diversos bancos de importação e exportação espalhados pelo mundo a adotar taxas de mercado para seus empréstimos, o que permitiu aos países economizar bilhões de dólares. Em 1986, ele assumiu a função de administrador do Programa das Nações Unidas para o Desenvolvimento (PNUD). O cargo, abaixo apenas do secretário-geral, permitiu-lhe visitar líderes de 110 países, promovendo o livre mercado, a inserção das mulheres na força de trabalho e a democracia. Nos encontros com ditadores, frequentemente os lembrava que eram "presidentes pela vida", levando-os a pensar no legado que deixariam e a planejar sua sucessão. Eu me lembro de quando o acompanhei em uma missão a Uganda, onde nos encontramos com o presidente Museveni. Quando o presidente sugeriu que fosse servida aos turistas uma sopa feita com vegetais ali produzidos, meu pai respondeu que a escolha dos ingredientes deve caber a quem toma a sopa. Assim, ele usou o minestrone para explicar como funciona o livre mercado.

Em 1994, aos 66 anos de idade, meu pai inaugurou a Draper International, o primeiro fundo de capital de risco com foco no investimento em empresas privadas com atuação na Índia. Uma vez que assumia o compromisso antes de receber o dinheiro dos clientes e que pessoalmente garantia apoio financeiro a investimentos que geravam rentabilidade, ele fez com que os investidores multiplicassem 17 vezes a quantia, com uma taxa interna de retorno (TIR) ilimitada. Em 2001, com 73 anos, criou a Draper Richards Foundation, empresa que lhe permitiu levar seu conhecimento sobre *startups* para o mundo das organizações sem fins lucrativos. Com isso, fez diversas empresas se voltarem para a sustentabilidade e ajudou a criar centenas de outras empresas inovadoras e sem fins lucrativos, tais como a Kiva e a Room to Read.

Trago o progresso no sangue. Minha mãe manteve a ordem em casa e cuidou de mim e de minhas irmãs. Ela nos ensinou a praticar a delicadeza e a generosidade, a andar bem vestidos, a falar de forma correta, a ler bons livros, a pensar no bem das pessoas em qualquer situação e a rir de nós mesmos, para manter o ego sob controle. Quando o diretor da escola em que eu cursava o Ensino Médio perguntou o que ela esperava de mim, sua resposta foi:

– Quero que ele se torne um homem renascentista, com múltiplas habilidades.

Minhas duas irmãs mais velhas, Becky e Polly, contribuíram para meu desenvolvimento. Becky e eu adorávamos jogos, enigmas e desafios matemáticos. O gosto pela competição não impedia que brigássemos como animais selvagens. Becky sempre me provocava, explorando e expondo minhas fraquezas físicas e psicológicas. Lembro que ela guardava uma foto que me retratava nu, sentado no vaso sanitário, e ameaçava mostrá-la a todos, caso eu não fizesse suas vontades. Ela também agia como minha maior apoiadora e mãe substituta quando nossa mãe não estava por perto. Foi torcer por mim no jogo de futebol americano Andover *versus* Deerfield, no qual Cree e eu nos enfrentávamos na linha – o ponta defensivo contra o recebedor. Quando Cree quebrou meu nariz com uma cotovelada, Becky gritou com ele e me levou ao hospital. Até hoje Cree tem medo dela.

Já Polly provocava minha imaginação. Ela construía fortalezas de papelão no quarto, escrevia peças e filmes para encenarmos e tinha um jacaré de estimação. Certa vez, ela me deu uma árvore mágica, com centenas de doces no lugar das folhas, e disse que um novo doce apareceria sempre que eu comesse algum, mas com uma condição: somente um por dia, para que a árvore não perdesse a magia. No primeiro dia, comi um Snickers e, no lugar, apareceu um Milky Way. No segundo dia, Cree me convenceu a pegar dois – um para mim e outro para ele. No dia seguinte, a árvore parou de substituir os doces comidos. A fantasia virou magia negra. Atualmente, Polly é uma escritora, atriz e diretora talentosa. Conservou seu toque mágico.

Minha educação formal aconteceu em universidades e escolas tradicionais: fiz o ensino fundamental na Hillview Elementary School (escola pública), o ensino médio na Phillips Academy Andover, frequentei a Universidade de Stanford e fiz pós-graduação na Harvard *Business School*. Talvez minha formação mais importante tenha vindo da prática de esportes de equipe e individuais, de viagens pelo mundo com amigos enquanto fugíamos das responsabilidades, da experiência de ter pintado trailers, cuidado do jardim, cortado a grama, vendido maçãs, colecionado figurinhas de beisebol, caminhado e acampado sob as estrelas, distribuído alimentos, criado o jogo *Stanford: the game*, trabalhado em poços de petróleo, viajado sozinho pela Europa, negociado com minhas irmãs, observado meu pai e minha mãe e aprendido com eles.

Conheci minha mulher, Melissa, na festa de formatura de Polly. Aquela moça linda, inteligente e divertida, com um vestido de bolinhas que ela mesma tinha feito, era amiga de minhas irmãs. Quando a convidei para dançar, ela me disse que eu era "fofo". Eu tinha 14 anos, e ela, 18. Em nosso primeiro encontro, quem dirigiu foi ela, porque eu era novo demais. (Hoje, ela ainda dirige, mas por questões de segurança.) Embora eu estivesse apaixonado, precisei ir para o colégio Andover, e ela, para o Smith College. O tempo passou. Depois de dez anos, nós nos reencontramos e, em 1982, nos casamos, antes de minha pós-graduação em Harvard. O início de nossa vida de casados foi em Boston. Durante a lua de mel, quando estava me preparando para o curso, precisei aprender a usar a calculadora HP 12-C. Por isso, como Melissa ocasionalmente me lembra, não fui o recém-casado perfeito e romântico. Tivemos nossa primeira filha, Jesse, enquanto eu cursava a pós-graduação, e a paternidade abalou meu mundo por completo. Nenhuma de minhas irmãs e de meus amigos tinham filhos, então eu não fazia a menor ideia de como administrar a situação. Felizmente, Melissa parecia saber tudo. Morávamos em um pequeno apartamento em Soldiers Field Park, no qual Jesse dormia em uma gaveta da cômoda.

Depois do curso de Administração, consegui trabalhar com capital de risco e investimentos no Alex. Brown & Sons, um banco do tipo "butique de investimentos" em San Francisco (com viagens regulares a Baltimore). Sob a tutela de Steven Brooks e Don Dixon, para comércio bancário, e de Bruns Grayson, para capital de risco, obtive um bom treinamento, mas minha principal tarefa era calcular projeções de fluxo de caixa descontado em planilhas; trabalhei lá cerca de um ano.

HISTÓRIA DAS ORIGENS

Em julho de 1985, um ano depois de minha formatura na Harvard *Business School*, informei a Melissa que abriria uma empresa de capital de risco. Ela ficou preocupada. Tínhamos uma filha e outro bebê a caminho, e esse tipo de "incerteza" lhe parecia algo assustador. Para mim, aos 27 anos de idade, era verdadeiramente excitante!

Quando foi trabalhar no Export-Import Bank of United States, meu pai deixou registrada uma companhia privada de investimentos – Small Business Investment Company (SBIC) – em um *blind trust* e, ao assumir o cargo na ONU, sugeriu que eu cuidasse da empresa e analisasse o que era possível fazer. O capital era de cerca de 2 milhões de dólares em ações privadas sem liquidez. Se eu quisesse investir, precisaria esperar por um evento que desse liquidez às ações. Ainda assim, fiquei animado com a oportunidade. Burt McMurtry me cedeu uma sala na Technology Venture Investors, em virtude de eu ser amigo de Dave Marquardt e Bob Kagle, sócios dele. À procura de empreendedores, comecei a bater às portas de empresas envolvidas com lançamentos imobiliários que tivessem "software" no nome.

Ao estudar o programa de companhias privadas de investimentos, descobri que poderia fazer um empréstimo de até três vezes o valor dos ativos do fundo, desde que seguisse determinadas diretrizes. Procurei Marvin Klapp, o único administrador do programa SBIC na época (atualmente, 600 pessoas fazem parte do programa, para administrar o mesmo número de empresas de que Marvin cuidava sozinho), e perguntei se eu poderia reestruturar o fundo e tomar emprestados 6 milhões de dólares, a alavancagem máxima permitida. Com aquela quantia, eu investiria sobretudo em empresas de tecnologia, restituindo o dinheiro em uma data predeterminada.

Marvin se juntou a mim para uma rápida checagem. Em determinado momento, ele disse:

– Você precisa de dez anos de experiência em investimento.

– Sem problema – respondi. – Venho investindo desde os 10 anos de idade.

Marvin deve ter gostado de mim, porque, alguns minutos depois, disse:

– Resolvido!

Assim, convenci a divisão SBIC da Small Business Administration (SBA) de que conseguiria assumir o controle da empresa de meu pai e fazer um empréstimo de 6 milhões de dólares do governo dos Estados Unidos. Eu estava no jogo! Obrigado, Marvin!

Nos anos seguintes, o dinheiro que tomei emprestado foi investido em diversos negócios, entre eles: Home Security Center, *Parenting Magazine* e SPG Consulting. A primeira dessas empresas era administrada por Mike Leahy, um jovem e ambicioso empresário que desejava criar uma loja única para todo tipo de item de segurança. A ideia era vender de tudo, de extintores de incêndio a câmeras. Investi 200 mil dólares em 25% da empresa. Abrimos a primeira loja na Burlingame Avenue, em Burlingame, Califórnia. Convidamos todos os conhecidos para a "grande inauguração", mas quase ninguém apareceu. A loja era escura e pouco diversificada, então iluminamos melhor o espaço e aumentamos o número de itens à venda. O contrato de aluguel de doze meses nem tinha terminado, e a Home Security Center já estava fora do mercado.

Robin Wolaner fundou a *Parenting Magazine*. A ideia da nova revista era competir com a *Parents Magazine*, então desatualizada em relação aos pais modernos. Investi 250 mil dólares em 15% da

Parenting Magazine. Robin transitava bem no meio editorial, além de ter bastante experiência em "circulação". E ela acertou. Os primeiros números alcançaram boa popularidade, e os anunciantes começaram a aparecer. Depois de seis meses, a *Time Magazine* ofereceu 5 milhões pela revista. Robin continuaria no negócio, em uma função administrativa na *Time*, e eu receberia 750 mil dólares, confirmando que era possível obter retorno sobre um de meus primeiros investimentos. Eu me lembro de John Glynn, da Glynn Ventures, dizer:

– É o triplo em seis meses! O melhor retorno de risco que vejo em anos!

Mas a *Parenting* seria meu único evento de liquidez por enquanto.

Trabalhei na Apolo Computer como assessor do presidente, Charlie Specter, em minhas férias de verão durante o curso na *Business School*. Fiz muitos amigos lá, entre eles Ian Edmonds, meu parceiro em um projeto de pesquisa de mercado. Assim, quando abri a Draper Associates, chamei Ian.

– Quais são os produtos de software mais avançados que rodarão na Apolo?

– Um deles é o da SPG Consulting – ele respondeu.

Voei para Boston para me encontrar com o presidente da SPG Consulting. Sam Geisberg, um imigrante russo que conservava seu forte sotaque. Eu quase não conseguia entender o que ele dizia, mas Sam me mostrou algo que me pareceu mágico. Com uma série de desenhos em 2D, ele conseguia elaborar uma representação em 3D, bem como desmembrar um desenho em 3D em seus componentes de 2D. Essa tecnologia "reflexa" representava uma inovação total.

Quando concluí o curso na *Business School*, fui em busca de emprego. Foi quando conheci Don Fedderson, um veterano empresário que havia ingressado recentemente no capitalismo de risco, na Charles River Ventures. Como Don tinha administrado a Applicon, uma empresa de projetos em 2D assistidos por computador, acreditei ter encontrado um bom parceiro para Sam. No entanto, precisava que ele me ajudasse a fazer uma oferta à altura. Don sugeriu Steve Walske e Dick Harrison, dois jovens que conheciam o mercado de software. Peguei um avião e fui ao encontro deles; queria ver se concordava com a escolha dos dois novos parceiros.

Cheguei um pouco atrasado e encontrei os dois no restaurante, já sentados em uma mesa externa, com muita gente em volta. Assim que me sentei, foi possível escutar o *rrrriiiip* mais alto que se possa imaginar. Eu tinha engordado alguns quilos, e minhas calças rasgaram da cintura aos fundilhos. Apesar de embaraçado, eu alimentava a esperança de que ninguém mais tivesse percebido, mas a expressão no rosto deles revelou tudo.

– Você rasgou as calças? – Richard perguntou.

– Acho que vou ter que ficar sentado – respondi.

Passei toda a entrevista com a cueca apertada brilhando à luz do sol, para todos verem. Isso deixou o clima leve e nos fez rir bastante. Gostei do espírito da dupla e disse a Don para seguir em frente. Ele assumiu o negócio e me incluiu pelo valor de 175 mil dólares, com a opção de aplicar outros 125 mil mais tarde por um valor maior, caso as metas fossem atingidas. A empresa mudou o nome para Parametric Technology Corporation (PTC) e experimentou um crescente sucesso. Esse investimento representou um financiador para Charles River e colocou a Draper Associates no mapa. Obrigado, Don. Obrigado, Sam. Obrigado, Ian. Obrigado, Apollo Computer. Obrigado, Steve e Dick.

No entanto, antes que víssemos a PTC se tornar a grande vencedora que se tornou, quase colocamos tudo a perder. Era 1989, e o grupo SBIC (então com dez pessoas) me comunicou que eu estava na lista de empresários que estavam sendo observados. A situação ainda não era dramática, mas, se a relação dos ativos não melhorasse em seis meses, eles cobrariam o empréstimo. E, claro, decorridos seis meses, recebi outro telefonema, avisando que eu havia entrado para a "lista suja". O empréstimo seria cobrado, e minha carreira em capital de risco chegaria ao fim.

Peguei o primeiro voo para Washington, para encontrar a equipe da SBIC. Levei uma hora e meia para convencer aquele pessoal a permanecer comigo. Expliquei que limões amadurecem logo, mas peras exigem um longo cultivo; o panorama era típico de estágio inicial do capital de risco, e muitas empresas boas não tiveram tempo de mostrar seu valor.

Não sei se foi a força de minha argumentação ou se a equipe da SBIC realmente não quis cobrar o empréstimo, pois, assim, teria que administrar o portfólio. O fato é que me concederam mais tempo. Desde que eu mantivesse em dia os pagamentos, as questões com a relação dos ativos seriam ignoradas. Ufa!

Em 1991, sem que eu tivesse atrasado nem ao menos um pagamento, felizmente a janela pública de mercado se abriu, e cinco empresas de meu portfólio abriram o capital. O pequeno investimento na SPG Consulting (então PTC) cresceu 175 vezes para meu fundo. Com apenas um terço dos ganhos da PTC, consegui quitar o empréstimo do programa SBIC e enviar aos acionistas (todos membros da família) uma quantia equivalente ao que fora investido, mais 15% de retorno composto. Com esses ganhos, a taxa interna de retorno anual, sob minha gestão, foi calculada em cerca de 40%. As reuniões familiares seriam mais tranquilas, uma vez que eu tinha uma história de sucesso ao investir o dinheiro da família. A PTC ainda é a maior empresa de software da Nova Inglaterra.

Enquanto isso, em Washington, eu deixava a lista suja da SBIC, e, em um passe de mágica, minha fotografia emoldurada aparecia na parede do saguão da SBA, com a inscrição "Capitalista de Risco do Ano da SBIC".

Assim, seis anos depois da fundação da Draper Associates, eu dispunha de um histórico suficientemente bom para atrair investidores de fora da família e levantar um fundo de capital de risco. Só precisava encontrar bons parceiros.

Recrutei John Fisher e Larry Kubal. Fui apresentado a Larry por minha irmã Becky, colega dele de graduação na *Business School*, em

Stanford. Tendo investido comigo algumas vezes enquanto eu gerenciava a SBIC, ele concordou em trabalhar meio expediente comigo, pois também administrava os negócios da família. Ter um "negócio familiar" rico ligado a nós seria bastante útil, porque poderíamos investir de forma mais pesada e participar de lutas acima de nossa categoria de peso. Além disso, Larry tinha um ótimo senso de humor, o que nos garantia risadas nos bons e maus momentos.

John Fisher era brilhante, ambicioso e dedicado. Sua formação incluía a Phillips Exeter Academy, a Universidade de Harvard e a Harvard *Business School*. Trabalhamos juntos na Alex. Brown & Sons e nos demos muito bem. Quando saí de lá para fundar a Draper Associates, lembro-me de ter ouvido Don Dixon, nosso chefe, dizer:

– Não se atreva a levar Fisher com você.

O pânico na voz de Don plantou, em minha mente, a ideia de um dia conseguir a parceria de John. Nossas visões de mundo são diferentes, talvez pelas circunstâncias familiares. Enquanto vi os esforços e o otimismo de meu pai se transformarem em riqueza para ele e para os que o cercam, John viu o pai fazer fortuna no setor publicitário, mas ir à falência por causa de um mau negócio.

Essas diferenças nos levaram a conduzir a empresa com agressividade e otimismo de minha parte, e cautela e inteligência da parte dele. Eu pensava em quanto uma *startup* poderia crescer; ele ficava atento aos insucessos. Eu me concentrava nos empreendedores, apoiando-os a todo custo; ele se concentrava nos investidores, cuidando para que cumpríssemos nossas obrigações fiduciárias. No que se refere a capital de risco, falávamos linguagens diferentes. No entanto, aprendemos com o tempo que ambas tinham importância crucial para a criação de uma grande empresa.

Recomendo enfaticamente a parceria de indivíduos com bagagens e estilos diversos. O discurso pode gerar frustração, mas o resultado provavelmente será bom, e o caminho, extraordinário. Embora nossas dificuldades de comunicação, atualmente, pareçam engraçadas, aprendemos muito um com o outro à medida que os negócios se ajustavam e progrediam.

A HISTÓRIA DO RHUBARB INVESTMENT CLUB

Com base em meu recente prêmio de capitalista do ano da SBIC, a experiência de John em investimento bancário e capital de risco e em um entusiasmo juvenil, partimos para a criação de nosso primeiro fundo com investidores externos. Em um verdadeiro *road show*, visitamos potenciais clientes em Chicago e, em seguida, precisávamos ir a Detroit, ao encontro de um dos contatos de John, o Rhubarb Investment Club. Com os voos suspensos por causa do mau tempo, tivemos que ir por terra. Depois de dirigir por muitas horas, decidimos que uma soneca rápida não nos impediria de chegar a Detroit a tempo da reunião na hora do almoço. Eram 14 horas quando alugamos um quarto no Motel 6, em Battle Creek, Michigan, terra da Kellogg's. Às 18 horas, estávamos de volta à estrada. Chegamos no horário e apresentamos a um grupo de executivos aposentados da indústria automobilística as virtudes do capital de risco e as vantagens de investir conosco uma parte do dinheiro de sua aposentadoria. Tratava-se de um grupo difícil, mas saímos de lá com esperança de tê-los convencido.

Imediatamente após o almoço, precisávamos pegar o avião de volta a São Francisco, com cerca de uma hora de folga, apenas. Não nos lembramos de que o carro alugado já tinha ido de Chicago a Detroit sem abastecer, então ficamos sem combustível no caminho para o aeroporto.

Sugeri correr até a saída mais próxima, conseguir um pouco de gasolina e voltar. John concordou. Felizmente, o posto ficava a cerca de um quilômetro dali, e consegui um recipiente de 5 litros. Quando voltei ao ponto onde tinha deixado John e o carro, não encontrei nenhum dos dois.

23

Depois fiquei sabendo o que aconteceu: enquanto esperava, John teve uma ideia. Uma vez que o carro estava no alto de um declive, ele poderia ir empurrando e me encontrar no caminho de volta. No entanto, peguei um atalho, em vez de seguir pela margem da estrada.

Em pânico, desci a rodovia. O que teria acontecido? Quando finalmente o encontrei, estávamos ambos confusos.

Abastecemos e seguimos até o aeroporto. Como o avião ia decolar em cinco minutos, deixamos o carro em frente ao setor de embarque da United Airlines, ligamos para a locadora Hertz para avisar, e corremos em direção ao terminal. Desde aquele momento, não paramos mais de correr, não necessariamente na mesma direção, mas acredito que precisávamos seguir diferentes caminhos para que o negócio pudesse se expandir. E foi o que aconteceu.

Voltemos à aventura. Chegamos exatamente quando o comissário de bordo estava pronto para fechar a porta. Nós nos acomodamos em nossos assentos na parte de trás, perto de outro sujeito grandão, e o avião decolou. Sentado no meio e ainda tenso pela corrida, eu me levantei e fui passear no corredor, para dar espaço aos outros dois. Acabei me envolvendo em uma conversa com os comissários de bordo.

Também cansado da falta de espaço para se mover, John se juntou a nós. Quando eles disseram que precisavam distribuir as toalhas quentes, nós nos oferecemos para ajudá-los. Começamos nossa primeira viagem juntos na estrada, e terminamos para lá e para cá, nos corredores de um Boeing 707, para lá e para cá, com uma bandeja na mão, dizendo:

– Toalha quente... toalha quente... toalha quente...

O Rhubarb Investment Club desandou e perdemos nosso primeiro fundo, que, ainda assim, superou todos os investimentos anteriores do grupo na indústria automobilística. Eles investiram conosco no fundo seguinte e viram seu dinheiro ser multiplicado muitas vezes.

Durante nosso primeiro empreendimento juntos, John e eu tivemos discussões bastante acirradas. Frequentemente discordávamos quanto a decisões sobre investimentos, e Larry Kubal agia como "árbitro". Larry, no entanto, já administrava o próprio fundo e decidiu criar a Labrador Ventures. John e eu ficamos sem ajuda para dar rumo às nossas divergências. Para desenvolver uma grande empresa, precisávamos aprender a fazer isso. O dilema se resolveu quando conhecemos Steve Jurvetson.

Sem ter solicitado, recebi um currículo que parecia bom demais para ser verdade. Steve Jurvetson havia completado, em dois anos e meio e como melhor aluno, a graduação em Engenharia Elétrica na Universidade de Stanford. Também foi o melhor aluno da turma de mestrado. Mesmo antes de encerrar o curso de Engenharia, teve uma patente registrada, e sete de seus projetos de chips eram fabricados pela HP. Na graduação na *Business School*, tornou-se um Arjay Miller Scholar – título concedido aos 10% dos alunos com as melhores notas –, além de receber o prêmio Ernest C. Arbuckle, que reconhece a excelência no campo de liderança e gestão e é votado pelos próprios alunos. Quando o conheci, também gostei dele.

Nós nos esforçamos para conquistar Steve. Como ele gostava muito de frisbee, jogamos com ele em Stanford. Aquele espírito competitivo nos agradava. Melissa e eu o convidamos, junto com sua esposa, Karla, para assistir a uma partida de tênis entre Andre Agassi e Michael Chang. Após o jogo, para conseguir atravessar rapidamente a multidão que cercava os tenistas, desci escorregando pelo corrimão. Steve, que vinha sendo muito assediado por diversas outras empresas de capital de risco, decidiu nos escolher por causa dessa escorregada.

Com Steve a bordo, não tivemos dificuldade em desenvolver o que é, atualmente, a Draper Fisher Associates III e entramos novamente no jogo. O trio funcionou tão bem que, em seis meses, fizemos de Jurvetson o terceiro sócio. Em intensa atividade, alcançamos grandes sucessos, com o Hotmail e outras empresas.

Criamos um fundo depois do outro e recrutamos excelentes parceiros, um após o outro. Warren Packard, Jennifer Fonstad e Andreas

Stavropoulos foram ótimos alunos e eram excelentes pessoas. Durante boa parte da década seguinte, ocupamos o topo da pilha. Obtivemos resultados astronômicos e levantamos muito dinheiro. Em um fundo, fizemos 25 investimentos, e calculo que 19 deles foram adquiridos com ótimo retorno ou abriram capital!

Decidi que o capital de risco não precisava ficar restrito ao Vale do Silício (com alguma atividade em Boston). Dessa forma, trabalhei para criar escritórios e fundos de risco em todo o território dos Estados Unidos, que ficaram conhecidos como DFJ Network (atual Draper Venture Network). Assim, seguimos rumo à globalização, com um novo e revolucionário fundo chamado DFJ ePlanet.

Então, o mercado desandou. Todo o setor de capital de risco – nós, inclusive – passou de herói a "zerói". Nossos investidores (os cotistas), até então muito satisfeitos, procuravam desesperadamente liquidez (dinheiro). A avaliação das empresas de nosso portfólio (aquelas que continuavam no negócio) caía em 90% ou mais. Um investidor moveu uma ação judicial contra nós, o que nos obrigou a passar longas horas no tribunal. Nossas reuniões, que, na década de 1990, pareciam grandes celebrações, em que exibíamos tecnologias incríveis com a visão de um futuro maravilhoso, passaram a ser verdadeiros embates. Nós nos sentíamos como goleiros de hóquei sem proteção diante de investidores frustrados e furiosos.

Os dez anos seguintes foram os piores de toda a história do capital de risco. Entre 2000 e 2004 – período pós-bolha –, o setor esteve em queda livre. De 2004 a 2008, ensaiou uma recuperação, mas foi atingido pelo colapso global de 2008 a 2010. Assim, passou de maré alta a um setor cíclico como qualquer outro, com altos e baixos. E o pior: os investidores esperavam o mesmo retorno obtido durante o *boom* dos tempos da internet, e, ao que tudo indicava, levaríamos anos para voltar a atrair seu dinheiro.

No entanto, pode-se dizer que éramos os melhores entre os piores. A turbulência do mercado levou John a afirmar que o setor havia cometido "fratricídio de risco"; a quantidade de dinheiro investido e de novas empresas criadas foi tão grande que elas empurravam umas às outras para fora do negócio. Nossos fundos domésticos, formados durante o período pós-bolha, apresentavam um desempenho mediano, e, quando o governo estadunidense estendeu às empresas públicas as regras da Lei Sarbanes-Oxley – com o objetivo de evitar a fuga dos investidores –, nossa melhor forma de retirada financeira foi abalada. Embora os investimentos internacionais, por meio da DFJ ePlanet, tenham nos servido de tábua de salvação, pois incluíam a Baidu e o Skype, posso dizer que, em geral, o período pós-bolha foi o pior que experimentamos. Segundo meu pai, "não se deve confundir inteligência com mercado em alta", mas a máxima não parecia tão relevante. Todos nos sentíamos tolos. Enquanto isso, nosso fundo internacional DFJ ePlanet alcançava um sucesso notável. Os investimentos no Skype e na Baidu alçavam nossa empresa ao topo da pilha, que, no entanto, não deixava de ser um amontoado. Ninguém se interessava em ouvir sobre capital de risco. Depois do colapso global, nossas diversas equipes se esforçavam para levantar dinheiro e manter o portfólio, enquanto o capital de risco se tornava a "missão impossível" dos instrumentos financeiros. Até hoje, o capital de risco sofre no mercado de investidores institucionais, em que não é considerado uma categoria de ativos, mas uma anomalia, na qual apenas uma meia dúzia de empresas consegue, por meio de alguma alquimia, produzir resultados consistentes.

O setor de risco levou anos para se recuperar. Quando isso aconteceu, John, Steve e eu ganhamos um bom dinheiro com os juros sobre os lucros ("juros transportados") do sucesso de DFJ ePlanet. De posse de nova fortuna, discutimos o que fazer em seguida e decidimos reduzir as ações a três pilares. John Fisher se concentrou no investimento em empresas em *late stage*, já desenvolvidas. Dessa forma, uniu-se a Barry Schuler, ex-diretor executivo do AOL, e Mark Bailey, que havia trabalhado para a KPCB, a Symantec e a WebMD. Mais tarde, chegou Randy Glein, antes capitalista de risco do Tribune

Group, que se tornou um batalhador incansável em favor do grupo. Steve Jurvetson, Andreas Stavropoulos e nosso novo parceiro, Josh Stein, mantinham o curso e dirigiam a DFJ Venture. Com meu filho Billy, desenvolvi um novo fundo em *early stage*, recuperando o nome original Draper Associates. Criei, também, um ecossistema em torno da Draper University e relancei, com Gabe Turner, a Draper Venture Network. Os outros parceiros exerceram sua independência de forma igual: Jennifer Fonstad abriu, com Theresia Gouw, uma empresa de risco independente, a Access Ventures; e Warren Packard criou a Thuuz, uma empresa voltada para destaques do esporte.

A equipe de apoio sofreu algumas dores do crescimento com a nova direção a três. O diretor financeiro Mark Greenstein procurou equilibrar os interesses dos três pilares, de modo que todos sentissem que estavam sendo tratados de forma justa. Gil Lubetsky, nosso especialista em tecnologia da informação, precisou se desdobrar ao lidar com três grupos ao mesmo tempo e em três locais diferentes. Assim, tivemos que dividir um grupo homogêneo e muito eficiente, de modo que funcionasse bem para todos. Felizmente, as ótimas administradoras Desiree Omran e Rose Yip permaneceram comigo.

Considero que nossos três pilares deram certo. Atualmente, a DFJ Growth administra mais de 1,3 bilhão de dólares. A equipe da DFJ Venture continuou a identificar e financiar empresas interessantes, com grande potencial. Levantei um novo fundo, inaugurei uma escola e criei todo um ecossistema que acredito venha a ser considerado um modelo de empreendedorismo e capital de risco. Aproveitei uma janela de oportunidade para *bitcoin* e *blockchain* (forma de validar uma transação ou registro), tornando-me, assim, um termômetro em questões de criptofinanciamento. A escola – Draper University of Heroes – revolucionou os padrões de educação ao oferecer uma aprendizagem baseada no trabalho em equipe, experiências orientadas por projetos e treinamento para sobrevivência, transformando a vida de mil jovens em 68 países e criando 300 empresas (contadas até o momento em que escrevo este livro), das quais uma já é um unicórnio (empresa com alto valor de mercado).

Decidido a investir por meio de meu novo veículo, a Draper Associates, consegui alguns bons resultados logo no início. A Twitch. TV, que criou uma plataforma para os fãs assistirem a pessoas jogando videogames, foi vendida para a Amazon por 1 bilhão de dólares; a Cruise Automation, a primeira a desenvolver carros autônomos, foi vendida para a General Motors por 1 bilhão de dólares; e meu filho Billy encontrou uma empresa, a Robinhood, que simplifica o investimento em mercados públicos e foi avaliada em mais de 1 bilhão de dólares em um *venture round*. Billy e eu levantamos um fundo de 190 milhões de dólares e estamos gostando de trabalhar juntos.

A Draper Venture Network ostenta, atualmente, 16 associações distribuídas pelo mundo, em 40 cidades, e gerencia bilhões de dólares. A equipe criou sistemas que possibilitam aos capitalistas superar a concorrência por meio de eventos para demonstração de melhores práticas, encontros entre diretores executivos, entre investidores e entre *corporate mixers*.

Estando localizada a dez minutos do aeroporto internacional de São Francisco e a três quarteirões da estação de trem, a Hero City – é esse o nome que demos a nossos escritórios do ecossistema – parece ter exercido um forte impacto sobre a cidade de San Mateo. Cerca de 80 novas *startups* passam pela Hero City a cada seis meses. Em seguida, frequentemente se instalam por perto, contribuindo para o crescimento da economia local.

Meus filhos entraram no jogo. Billy trabalha comigo na Draper Associates; Jesse comanda o Halogen Ventures, o primeiro fundo de risco dedicado a financiar somente mulheres; e Adam administra a Boost, empresa aceleradora líder para tecnologias avançadas, como *bitcoin/blockchain*, *Virtual Reality* e *Augmented Reality (VR/AR)* e qualquer outra coisa que nos aproxime da possibilidade de disponibilizar trajes do Homem de Ferro comercialmente. Eleanor, a caçula, é a primeira funcionária de uma *startup* chamada Bulletin, que reserva espaço comercial para artesãos que queiram se tornar empreendedores.

Se tivesse que fazer tudo novamente e do mesmo jeito, eu faria.

LÍDERES PRIMEIRO

Quanto mais se experimenta coisas novas, maiores são as chances de sucesso.

Quando entrei no negócio de capital de risco, muitas empresas já atuavam havia mais de vinte anos. Para ser notado, eu precisava de algo diferente. É interessante lembrar que, na época, nenhuma empresa de risco fazia publicidade de seus produtos. Quando negociei uma página na *Upside Magazine,* foi o primeiro anúncio daquele tipo na história. Claro que muitas seguiram meu exemplo, mas, então, a Draper Associates já era o nome dominante em capital de risco com empresas em *early stage* – que ainda não tinham produtos com receita.

Ao descobrirmos a internet, em 1995, dissemos aos investidores que nosso próximo fundo seria 100% internet. Esse ousado salto em direção ao desconhecido nos custou muitos bons investidores, mas conseguimos fechar o fundo, que se tornou o número 1 com essa novidade.

Em 1999, não havia empresas de capital de risco fora dos Estados Unidos, nem se ouvia falar disso. Decididos seguir rumo à globalização, criamos uma rede de capitalistas de risco que se estendesse pelo mundo, e nossa empresa foi a primeira do Vale do Silício a atuar no exterior. A porcentagem de 10% de nosso capital dedicada aos investimentos internacionais foi responsável por 70% de nossos ganhos.

Aprendi que sair na frente tem vantagens. Os concorrentes eram obrigados a correr atrás de nós, e, em muitos locais, fomos os únicos empreendedores em atuação.

O primeiro a chegar pode definir os termos do setor e exercer a liderança, de modo que o melhor posicionamento a longo prazo esteja garantido, inclusive com relação às redes. Isso representa uma ótima vantagem. Seja líder.

TOMADA DE DECISÕES

Aprendi muito acerca da tomada de decisões em equipe. Com o aumento do número de parceiros na Draper Fisher Jurvetson (DFJ), ficou cada vez mais difícil definir os investimentos em empresas inovadoras e incomuns, porque as opiniões nem sempre coincidiam. Sem apoio para os "dissidentes", os negócios corriam risco de ficar "seguros" demais. Quando se trata de capital de risco, é impossível investir com segurança e alcançar o melhor retorno. Investimentos seguros podem impedir grandes perdas, mas talvez inviabilizem grandes ganhos. Para um empreendedor pioneiro, é mais eficiente e eficaz manter o controle das decisões sobre a orientação da empresa e, ao mesmo tempo, receber o máximo possível de contribuições da equipe.

Introdução

Este livro é para os loucos, a quem chamo de Startup Heroes. Passei mais da metade da vida a cuidando deles: dei apoio, incentivo, ensinamentos, conselhos e financiamento. Eles ajudaram a enriquecer minha vida, e, embora muitos tenham falhado, alguns tiveram enorme impacto no mundo. Aqui você vai conhecer suas histórias e entender como representam o sistema de valores que compõe a estrutura deste livro.

O JURAMENTO DO STARTUP HERO

O juramento serve de bússola quando você se perde na tempestade. Os que pretendem ser empreendedores bem-sucedidos, revolucionários, artistas, agentes da mudança ou alguém que pense um pouco diferente precisam compreender o juramento. Eu o aconselho a conhecer, entender, memorizar ou mesmo absorver cada linha. Ao criar a Draper University of Heroes, senti que seria importante a quem passasse pelo treinamento para se tornar Startup Hero contar com um "código". Não se trata apenas de um guia para a criação de uma empresa, mas um guia a ser consultado periodicamente, diante de uma bifurcação na estrada, de uma decisão crucial ou de uma negociação difícil. Quero que o juramento lhe sirva de orientação – não apenas nos negócios, mas também na vida.

Espero que você recorra ao juramento sempre que precisar fazer uma escolha difícil ou resolver um dilema desafiador. Quero que conheça o juramento do início ao fim, de modo que o trecho certo lhe venha à mente quando necessário. Para facilitar, emprego citações, conto histórias e lanço algumas surpresas. Assim, se as coisas se complicarem, você saberá qual trecho se aplica a cada situação.

Este livro pode ser de grande ajuda em sua jornada até se tornar um Startup Hero. Faça dele sua companhia. Aplique cada conceito à vida, aos negócios, à sua missão. A escrita é variada, de modo que você pode esperar o inesperado. Afinal, quem quer ser Startup Hero precisa estar preparado para tudo.

Saiba que tudo é possível. E você pode ser a pessoa que faz acontecer.

POR QUE LER ESTE LIVRO?

Este livro não é para todos. É para quem tem brilho nos olhos, energia na alma e determinação para cumprir missões. É para aqueles que estão na luta, querem chegar lá ou ajudar quem queira.

Para quem se satisfaz com o mundo como ele está, trata-se de um livro perigoso.

Mas, se você pretende ser um Startup Hero, se pretende causar impacto no mundo, este livro é para você. Se vislumbra um futuro melhor e não apenas deseja mudar o mundo, mas acredita que precisa fazer isso tanto quanto precisa respirar, este livro vai ser seu guia nessa mudança.

Para aqueles que querem ajudar Startup Heroes a alcançar suas visões, este livro pode contribuir para uma análise sobre o que eles pensam e sentem. Espero que a leitura se torne uma jornada interessante, e que você possa fazer como eu, apoiando Startup Heroes em todos os aspectos: os riscos que correm, as visões que defendem e a esperança e o otimismo que trazem ao mundo. E você pode descobrir que também é um Startup Hero!

Escrevo com o intuito de ajudar Startup Heroes a entrar em ação e espero que este livro se torne um manual para a vida e os negócios deles. Nele, há um tesouro de oportunidades. Há ideias para a criação de empresas, histórias cheias de lições e ferramentas que podem contribuir para transformar setores, salvar vidas, melhorar a administração pública e auxiliar pessoas.

Espero que você goste de ler este livro tanto quanto eu gostei de escrevê-lo.

Não Faça Isso!

Pare! Siga o conselho de Elon Musk: "Não faça isso!" As pessoas, em sua maioria, não têm perfil empreendedor. Sentem-se satisfeitas em viver sem agito, sem se preocupar com regras. Preferem desenhar dentro dos limites e permanecer dentro da caixa. No entanto, se você comprou e está lendo este livro, talvez seja diferente. Com um pouco de treinamento, pode se tornar um daqueles empreendedores revolucionários, um Startup Hero. Continue a leitura e poderá se tornar responsável por criar uma nova onda, novas regras, estabelecer novos limites e se perguntar: "Que caixa?"

Levei um grupo de alunos da Draper University à fábrica da Tesla, em Fremont, Califórnia, para assistir ao lançamento do *model S* pelo diretor executivo, Elon Musk, um dos empreendedores mais extraordinários e bem-sucedidos da história. As enormes instalações parecem estender-se por quilômetros, em todas as direções. Robôs do tamanho de elefantes se movimentam para conectar peças, encaixar acessórios e pintar as carrocerias dos carros.

O lançamento teve uma grande comemoração. O governador da Califórnia cortou a fita inaugural, e os dez primeiros carros deixaram a linha de montagem para irem para as mãos dos sortudos compradores – a "Série Pioneiros" –, e todos os mil funcionários da Tesla compartilharam um momento de orgulho ao verem seu trabalho e seus esforços extraordinários se tornarem realidade.

Antes do evento, Elon nos recebeu e respondeu a algumas perguntas. A primeira foi feita por um dos estudantes.

– Sr. Musk, o que recomenda a um empreendedor iniciante que queira se tornar um Startup Hero bem-sucedido como o senhor?

Elon hesitou. Tinha os cabelos meio despenteados e parecia exausto. Afinal, havia orquestrado pessoalmente um dos mais espetaculares lançamentos de um dos mais revolucionários veículos que o mundo já viu.

Depois de um suspiro profundo e uma longa e desconfortável pausa, ele respondeu:

– Não faça isso!

Em seguida, disse que aquele era o melhor conselho que poderia oferecer a um aspirante a empreendedor e explicou:

– Se você aceitar esse conselho, é porque não está pronto para ser um empreendedor, e eu o terei poupado de passar por um esforço brutal, sem uma paixão genuína. Se não aceitar, bem... me mande um plano de negócios.

Mal posso imaginar como tinha sido o dia de Elon. Ele transpirava bastante, estava muito magro e tinha círculos embaixo dos olhos; mesmo assim, parecia entusiasmado e orgulhoso. Empreendedorismo não é fácil. Mas Elon Musk nos trouxe a PayPal, a SpaceX e a Tesla; todo seu trabalho demonstrou resultados impressionantes e gerou mudanças reais. Afinal, ele tem uma missão. Traz dentro de si uma incrível vontade de salvar o planeta.

De todo modo, se você aceitar o conselho de Elon, tudo bem. Dê este livro a um amigo, faça escolhas seguras e mantenha-se um respeitável membro do *status quo*. Mas, se não aceitar, talvez isso signifique que você tem um verdadeiro espírito empreendedor, e nada do que lhe digam vai impedi-lo de cumprir sua missão. Na verdade, muitos dos melhores empreendedores são aqueles que precisam ouvir: "Não vai dar certo"; "Não faça". Às vezes, é isso que os impulsiona, que desperta neles o desejo de provar que o *status quo* está errado.

Dito isso, antes que você elabore seu plano de negócios, existem perguntas fundamentais a serem respondidas com honestidade.

- É mesmo?
- Você quer realmente? Por quê?
- Sua empresa é verdadeiramente importante para você?

- Você vai lamentar se não fizer isso?
- A questão mexe de verdade com você?
- Seu produto vai ser melhor do que os já existentes?
- Ainda será o melhor daqui a quinze anos?
- Você se preparou?
- Tem disposição para fazer sacrifícios?
- Tem sangue frio para ouvir opiniões irônicas?
- Tem disposição para ver suas finanças pessoais serem prejudicadas?
- Tem coragem de demitir seu melhor amigo?
- Preparou-se para enfrentar ações na justiça, ataques da imprensa e práticas predatórias vindas dos adeptos do *status quo* em sua área?
- Preparou-se para uma dedicação total à causa, ainda que a família e os amigos digam "Basta!"?

Ao receber meu novo Tesla naquele evento fenomenal, fiz *test drives* ao lado de diversos funcionários da empresa e aproveitei para perguntar qual era a função de cada um deles. Todos demonstraram claramente o orgulho que sentiam pelo trabalho realizado.

– Cuidei dos freios – explicou um. – Os freios funcionam como em outros veículos, mas, quando se tira o pé do acelerador, o carro reduz a velocidade e carrega a bateria. Há uma inovação aí.

– O porta-malas frontal – disse outro. – Como não há motor, transformamos o espaço em porta-malas dianteiro. É o *front trunk* ou *frunk*.

– Software – respondeu um terceiro. – Controladores e sensores em todas as partes móveis do veículo permitem uma atualização constante, inclusive quando são criados novos recursos para substituir os antigos.

– A chave – contou o quarto funcionário. – Veja como a chave tem o formato de um carro. Conforme o local em que pressiona, as portas, a mala traseira ou a mala dianteira são destrancadas.

Fiquei tão satisfeito que ofereci meu carro para quem quisesse experimentar. Nunca poderia imaginar que testemunharia tamanha revolução na indústria automotiva. Tanta inovação. Tantos funcionários dedicados e orgulhosos.

Espero que este livro o ajude a criar uma empresa capaz de oferecer um produto tão maravilhoso e importante quanto o carro *model S* da Tesla.

O empreendedorismo costuma ser ingrato, e um fracasso do empreendedor pode representar uma tragédia. No entanto, talvez eu possa ajudá-lo a pensar de outra maneira a respeito do que faz um Startup Hero e do impacto que ele provoca, seja no sucesso ou no fracasso. Para isso, vou contar uma história.

A HISTÓRIA DA TESLA

Ian Wright chegou ao escritório da DFJ, na Sand Hill Road, em Menlo Park, Califórnia, para mostrar seu novo empreendimento, a Wright Motors. Ele carregava uma invenção que unia pneus, canos de PVC, tecido e mágicas baterias de íon de lítio. Tratava-se de um novo tipo de carro elétrico. Ele me pediu que me sentasse no veículo e o deixasse me prender em uma espécie de arreio de cinco pontos. Perguntei o motivo dessa precaução, pois os únicos carros elétricos que eu conhecia eram os carrinhos de golfe e o Chevy Volt original, que George Shultz dirigia; nenhum deles atingia uma velocidade assustadora. Segundo ele, os carrinhos de golfe usavam baterias de níquel-cádmio, diferentes das baterias de íon de lítio – aliás, o mesmo tipo utilizado em computadores. Estas últimas são muito mais potentes, proporcionando uma forte arrancada. Felizmente, deixei que Ian me prendesse.

Quando ele foi para o assento do motorista, afivelou o "arreio" a meu lado e pisou no pedal, experimentei uma força *g* comparável somente ao que senti em uma montanha-russa. Em seguida, Ian me levou até a estrada – a Interstate 280 – para mostrar como o carro ia de 0 a 100 quilômetros por hora em cerca de três segundos.

Então, quando voltávamos, Ian disse:

– Veja isto.

Estávamos andando a quase 100 quilômetros por hora, e nos aproximando perigosamente de um sinal vermelho. Ele pisou no freio, e o carro parou imediatamente, sem perder a direção. Um novo mundo se abriu para mim. Em um futuro não muito distante, a relação entre preço e desempenho de um carro elétrico seria melhor do que a de um carro movido a gasolina.

Fascinado pela experiência, decidi procurar o maior número possível de fabricantes e admiradores de veículos elétricos. Em uma exposição, entrevistei quase todos que estavam lá, e, ao perceber que nenhum deixou de mencionar a fábrica Tesla, marquei um encontro com o fundador e então presidente, Martin Eberhard. Ele explicou que as mágicas baterias de íon de lítio ocasionalmente explodiam, com risco de incêndio. Assim, teve a ideia de unir pequenas baterias em paralelo, de modo que, se uma delas explodisse, não haveria fogo, e o carro continuaria a rodar, pois o sistema de transmissão passaria em volta da bateria defeituosa. Essa ligação paralela tem a vantagem extra de proporcionar mais arrancada. Convencido de que a Tesla era a número 1 do setor, resolvi investir na empresa.

No entanto, quando informei aos sócios minha intenção, houve um compreensível desconforto, pois a história das *startups* estava repleta de empresas automobilísticas fracassadas, da DeLorean até a Packard. Muitas tentaram competir com a oligopolista Big Three e falharam por falta de capital. Eu não estava sozinho. Desde que Ian Wright lhe proporcionou um *test drive*, meu sócio Steve Jurvetson ficou especialmente interessado em investir na Tesla. Os outros sócios, porém, mostravam-se resistentes. No fim da discussão, chegamos ao consenso de que seria difícil nossa empresa entrar no negócio sozinha. Decidimos fazer um pequeno investimento e trabalhar com outros capitalistas, formando um "consórcio" de risco. Com isso, reservávamos um pouco da carga do extintor de incêndio para as futuras rodadas de financiamento, que quase certamente aconteceriam.

Foi nossa sorte. Em um ano, a Tesla estava sem dinheiro e custava a encontrar um investidor suficientemente ousado para tocar o projeto do carro adiante. Martin ainda trabalhava no primeiro protótipo, e o poço secou.

Foi então que Elon Musk entrou em cena. No papel de investidor ativo, e um dos primeiros a aderir, ele tinha assento na diretoria. Acreditava que a Tesla ajudaria a salvar o mundo do efeito estufa criado pelas emissões de carbono. Com uma mentalidade empresarial sagaz, ofereceu um investimento de 10 milhões de dólares para salvar a empresa, desde que a comandasse dali em diante. O conselho, ao qual Steve Jurvetson se integraria, apoiou a ideia, e o restante é história. Elon conseguiu que os compradores pagassem adiantado pelos carros, obteve um empréstimo de 400 milhões de dólares do governo estadunidense, com base na utilização de tecnologia limpa, comprou com um bom desconto a fábrica NUMI e redesenhou o carro, com a ideia de "encantar o comprador".

E encantou. Seu primeiro carro, o Roadster, era mesmo surpreendente, mais rápido e silencioso do que qualquer outro na mesma faixa de preço. A única desvantagem era o chassi da Lotus, que não aproveitava as tecnologias já disponíveis. Em compensação, o lançamento conferiu à fábrica credibilidade no mercado, incentivando os compradores a pagar antecipadamente pelo veículo.

Mas a joia da coroa somente surgiu quando a Tesla lançou o *model S* – o *S-car*. Minha filha Jesse entrevistou Elon no Valley Girl Show. Enquanto dividiam um prato de *escargot*, ele fez um trocadilho em homenagem a uma brincadeira conhecida no setor:

– *Look at that S-car go**.

---

* N.T.: Trocadilho com a pronúncia de "escargot" e a pronúncia de "S-car go", que são semelhantes. A fala significa "Olha aquele *S-car* ir".

O *model S* tinha tudo. Painel facilmente programável a distância, sistema de rastreamento via internet, estabilidade suficiente para fazer curvas sem reduzir a velocidade, teto solar acionado por *touch screen* e chave com o formato do veículo. A indústria automotiva nunca mais seria a mesma. O *model S* quebrou recordes de segurança, foi considerado "o carro do ano" por quase todas as revistas especializadas e conquistou compradores tão apaixonados como jamais vi.

Ian Wright, Martin Eberhard e Elon Musk são Startup Heroes. Os três atravessaram momentos difíceis e alcançaram resultados extraordinários. Todos vemos em Elon Musk um herói, e assim deve ser. O que ele fez foi extraordinário. No entanto, Ian Wright e Martin Eberhard também foram responsáveis por esse sucesso. Sem esse trio, a Tesla talvez não existisse. Mas existe e é espetacular!

Sim, a tarefa do empreendedor é difícil, ingrata. Às vezes, torna-se física, mental e emocionalmente cansativa. O empreendedor enfrenta desafios verdadeiramente arriscados. Sua jornada representa um risco financeiro, profissional e social, dentre tantos outros. Ele (ou ela) às vezes abre mão de uma carreira segura à qual não poderá retornar, de um salário que talvez nunca se repita e do status social, uma vez que os amigos costumam demorar a entender as razões de tal decisão. O empreendedor também dispõe de menos tempo para amigos e família, o que resulta em menos apoio emocional para quem deseja ser um Startup Hero.

Mas todo empreendedor empurra a humanidade para a frente. Todo empreendedor, perdendo ou ganhando, faz a tecnologia avançar, incentiva competidores e rivais e provoca melhorias no mundo. Não importa se você vai ser como Ian Wright, Martin Eberhard ou Elon Musk; se iniciar uma empresa tendo em mente um resultado extraordinário, você já é um Startup Hero.

Depois que a Tesla se tornou uma empresa pública, e que seus carros ficaram conhecidos, fui convidado a ir a Detroit para dar uma palestra sobre "Techonomy" – a economia da tecnologia – na conferência de David Kirkpatrick. A primeira pergunta que ouvi assim que acabei de falar foi:

– Qual é sua recomendação ao pessoal aqui de Detroit, para que possamos alcançar a mesma prosperidade de que ouvimos falar em relação ao Vale do Silício?

– Bem, vocês bebem da fonte da indústria automotiva há mais de três gerações. Já foi o suficiente! Recomendo que façam outra coisa – respondi.

– E se quisermos continuar?

– Como perderam o jogo do carro elétrico para a Tesla, apenas se fizerem os carros voarem.

A imprensa levou essa mensagem às fábricas de automóveis, e as declarações feitas por CEOs das Três Grandes empresas – as "Big Three" – traziam uma mensagem um pouco zangada, o que era compreensível. Entre elas, duas me atacaram pessoalmente; sua mensagem, de forma resumida, dizia isto: "Quem esse sujeito pensa que é para vir do Vale do Silício nos ensinar como a indústria automotiva de Detroit precisa agir?" O presidente da Ford, no entanto, reconheceu certa defasagem em relação às novas tecnologias, mas ficou claro que uma centelha foi acesa. E ela explodiu de maneira completamente inesperada.

Anos depois, investi em Kyle Vogt, na Cruise Automation. Não era a primeira vez que eu o apoiava. Ele tinha sido um dos quatro fundadores da Justin TV – mais tarde Twitch.tv –, por meio da qual era possível assistir a jogadores de videogames em ação. Essa empresa foi vendida para a Amazon por 1,1 bilhão de dólares, multiplicando muitas vezes nossos investimentos. Kyle me atraiu para a Cruise. Disse que estava criando software e hardware, a fim de fazer com que os carros fossem autônomos. Para começar, projetaria um dispositivo em seu Audi que, com o tempo, se tornaria acessório-padrão em todos os veículos.

Kyle me levou para dar uma volta, para mostrar a nova tecnologia. Em linha reta, tudo funcionou bastante bem, mas, ao chegar a um cruzamento, o carro deu uma guinada para a esquerda, ficando na contramão. Ufa! Poderíamos ter morrido. Bem... Demonstrações raramente se comportam como o autor deseja, então relevei. Encerrada a corrida, eu disse:

– Certo, vou apoiá-lo novamente.

Depois daquela assustadora, mas, ainda assim, impressionante demonstração, tornei-me investidor da Cruise Automation. Acreditava muito em Kyle. Além de capaz e criativo, ele tem sangue de herói. Ao lado da equipe anterior, ganhara muito dinheiro; e me agradava o fato de haver um amplo mercado para a tecnologia, que, segundo eu acreditava, avançaria rapidamente. Seria uma jornada interessante.

Em dois anos, a tecnologia funcionava bastante bem. Tive notícia de carros percorrendo quilômetros de estrada sem motorista. Ela ainda não estava pronta para o "horário nobre", mas caminhava a passos largos. Talvez minhas palavras ainda ecoassem nos ouvidos da futura presidente da GM, porque ela comprou a empresa por cerca de 1 bilhão de dólares. Se uma empresa unicórnio alcança o valor de 1 bilhão de dólares, acredito que Kyle seja um "duocórnio". Ter alcançado a marca duas vezes faz dele uma criatura muito mais rara e fantástica do que um unicórnio.

Os CEOs das Três Grandes estavam muito zangados comigo, mas pelo menos aquela executiva da GM prestou atenção ao que eu disse. Ela fez o primeiro movimento ousado para que os carros pudessem "voar" de maneira autônoma.

Kyle é um Startup Hero. Ele deu o primeiro passo e todos os passos seguintes. Estava disposto a grandes sacrifícios em troca de um resultado extraordinário. É possível dizer o mesmo da CEO da GM, que arriscou o pescoço e a reputação profissional para saltar rumo ao grande desconhecido, investindo em um carro autônomo.

O JURAMENTO DO STARTUP HERO

Fazer de você um Startup Hero é o propósito deste livro. O Startup Hero precisa de um guia para quando as coisas se complicarem. Elaborei este juramento para ajudar Startup Heroes a manterem o foco. Eles precisam, ao mesmo tempo, ser flexíveis e seguir em frente quando a situação fugir do previsto. Este livro não foi escrito para ser previsível. Seu cérebro precisará mudar do hemisfério esquerdo para o direito, do pensamento criativo para a memória, a ambição, e depois voltar para absorver tudo.

Cada item do juramento corresponde a um capítulo, no qual conto uma ou duas histórias como exemplo. Ao final, apresento exercícios e problemas, os quais ajudam a pensar, aplicar na empresa o que foi lido e, de modo geral, manter os pés no chão. Afinal, Startup Heroes enfrentam todo tipo de problema durante a jornada – preocupação, ideia, dúvida e ação – e precisam tomar decisões sob o peso da incerteza.

Se você pretende ser um Startup Hero, precisa de um guia e de um modo de pensar que aponte esse sentido. Se deseja criar algo maravilhoso, elaborei este juramento para você, que quer mudar o mundo, proporcionar às pessoas uma vida melhor. Para você, que decidiu empreender, que entrou por acaso na Draper University ou que apenas deseja uma realização extraordinária, aqui está o juramento em sua totalidade. Memorize-o. Tome posse dele. Leve essas palavras para a vida. Assine embaixo e respeite o juramento.

JURAMENTO DO STARTUP HERO

PROMETO:
PROMOVER A LIBERDADE A TODO CUSTO.
FAZER TUDO O QUE ESTIVER A MEU ALCANCE PARA BUSCAR, FAVORECER E DESENVOLVER O PROGRESSO E A MUDANÇA.
CONSIDERAR PRIMORDIAIS A MARCA, A REDE E A REPUTAÇÃO.
OFERECER EXEMPLOS POSITIVOS.
INCUTIR BONS HÁBITOS EM MIM. CUIDAR DE MIM.
FRACASSAR DIVERSAS VEZES ATÉ ALCANÇAR O SUCESSO.
EXPLORAR O MUNDO COM GOSTO E ENTUSIASMO.
TRATAR BEM AS PESSOAS.
FAZER SACRIFÍCIOS DE CURTO PRAZO PARA ALCANÇAR O SUCESSO DE LONGO PRAZO.
PERSEGUIR A JUSTIÇA, A HONESTIDADE, A SAÚDE E O PRAZER EM TODAS AS SITUAÇÕES. ESPECIALMENTE O PRAZER.
MANTER A PALAVRA DADA.
ESFORÇAR-ME AO MÁXIMO PARA REPARAR MEUS ERROS.

CLÁUSULA DO SUPER-HERÓI: PROMETO LEVAR PARA A VIDA A OBRIGAÇÃO DE APRIMORAR MEUS PODERES DE SUPER-HERÓI E USAR ESSES SUPERPODERES PARA O BEM DO UNIVERSO.

CLÁUSULA DO EMPENHO: PROMETO POSSIBILITAR E ENRIQUECER O CONTÍNUO SUCESSO DA DRAPER UNIVERSITY, SEU CORPO DOCENTE, SUAS INSTALAÇÕES E SUA ADMINISTRAÇÃO. AJUDAR A FORMAR A PRÓXIMA GERAÇÃO DE SUPER-HERÓIS. (ESTA CLÁUSULA NÃO É OBRIGATÓRIA, A MENOS QUE VOCÊ SEJA ESTUDANTE DA DRAPER UNIVERSITY OU QUEIRA NOS AJUDAR ESPONTANEAMENTE.)

CLÁUSULA DO CISNE NEGRO: TENHO VÍNCULO COM ESTE JURAMENTO, A NÃO SER QUE, EM MINHAS VIAGENS, EU CONSIDERE QUE ELE DEIXA DE COBRIR ALGO IMPORTANTE E EXTRAORDINÁRIO.

ASSINATURA: _____
(ASSINE AQUI SEU NOME)

PROMOVER A LIBERDADE A TODO CUSTO

O MAIS IMPORTANTE É A LIBERDADE

Quanto mais vivo, mais viajo; quanto mais conheço pessoas, mais me convenço de que a liberdade é o mais importante. Pessoas livres conseguem qualquer coisa. Países livres superam países governados com mão de ferro e, quanto mais livres, mais depressa crescem. Produtos grátis se disseminam mais rapidamente. A seguir, minhas histórias preferidas sobre liberdade.

A HISTÓRIA DO HOTMAIL

Sabeer Bhatia e Jack Smith tinham a mesma idade: 26 anos. Sabeer era um indiano seguro de si, que transpirava convicção em cada palavra. Jack, um engenheiro americano focado, que se achava capaz de fazer qualquer coisa funcionar. Os dois chegaram à DFJ por meio de Dev Purkayastha, um capitalista de risco da Idanta Partners. Foi ele quem disse a John Fisher que gostava daqueles dois jovens, mas achava a empresa deles pequena demais para ser financiada pela Idanta. O plano original de Jack e Sabeer não nos pareceu especialmente excitante, mas Steve Jurvetson enxergou neles uma dupla forte e perguntou se não teriam outra ideia. Foi então que eles apresentaram a inusitada sugestão de oferecer um serviço de correio com base na web. O custo seria tão baixo que pretendiam distribuir de graça! Embora estivéssemos agradavelmente surpresos com essa novidade, não tínhamos noção de como a oferta de um correio eletrônico gratuito poderia gerar dinheiro.

A mensagem, porém, era clara: "Tudo de graça!" Para frisar, o escritório ficava no Freedom Blvd., em Fremont, Califórnia. E eles lançaram seu produto, o Hotmail, no Dia da Independência.

Steve Jurvetson e eu estávamos na primeira reunião de diretoria do Hotmail quando Jack disse:

– Está pronto.

Ele quis dizer que acabara de lançar o primeiro correio eletrônico gratuito com base na web. Depois de uma breve demonstração, perguntei:

– Como vai comercializar esse produto incrível?

– Vamos postar cartazes na Highway 101 e anunciar na televisão – Jack respondeu.

– Com os 150 mil dólares de que dispõe, pode conseguir um nanossegundo na televisão ou a postagem de um cartaz do tamanho de um selo durante um dia.

E, antes que Sabeer tivesse a chance de responder, perguntei:

– Não basta enviar um e-mail para todos pela internet?

Na época, a internet era visitada sobretudo por profissionais do meio acadêmico e militares, e eu pensei neles como os primeiros usuários.

– Uma explosão de mensagens seria considerada *spam*, e isso vai contra a ideia principal da internet.

"Palavras se espalham", pensei. "Se eu enviar um e-mail a meus amigos, e eles enviarem aos amigos deles, vamos acabar alcançando todos."

– Você distribui o produto gratuitamente – insisti. – Que tal se colocasse uma mensagem ao fim de cada e-mail: "P.S. Amo você. Tenha e-mail grátis no Hotmail"? O recado passará de usuário em usuário.

Essa situação me lembrou o caso da Tupperware, que estudamos na *Business School*. Quem quisesse comprar um produto Tupperware deveria organizar uma reunião, transformando os clientes em força de trabalho. Eu estava cada vez mais interessado.

Tratava-se de uma ideia bastante controversa à época. Como Sabeer insistia em negar minhas sugestões, concentrei-me na capacidade técnica de Jack.

– Isso é tecnicamente possível, Jack?

– Sim.

– Então tente!

Depois de algum tempo, Sabeer me procurou.

– Vamos tentar, mas nada de "P.S. Amo você". Vou dizer apenas "Tenha e-mail grátis no Hotmail".

Hoje, ao olhar para trás, costumo brincar:

– Se tivessem mantido o "P. S. Amo você", viveríamos em um mundo muito mais pacífico e amoroso.

De todo modo, a empresa favoreceu de maneira extraordinária a comunicação global. Um só e-mail enviado por Sabeer a um amigo na Índia havia alcançado 100 mil usuários em apenas três semanas. Isso foi extraordinário, pois, provavelmente, existiam menos de 100 mil computadores na Índia àquela época. Em dezoito meses, o Hotmail contava com 11 milhões de usuários, tornando-se o produto de mais rápido crescimento de todos os tempos.

Achamos interessante a ideia de chamar nossa invenção de "marketing viral", por se tratar de um novo método que passava de pessoa a pessoa, como um vírus. Ao mesmo tempo, porém, ficamos um pouco preocupados. Afinal, vírus de computador é um problema real, e o nome poderia conferir uma conotação negativa. No fim das contas, mantivemos o nome. Um pouco de controvérsia pode ser vantajoso.

Decidi, então, não patentear, mas liberar a denominação. Pensei no impacto em longo prazo que esse tipo de marketing exerceria sobre o mundo e não quis provocar atrito. Além disso, estava tão envolvido com o negócio de capital de risco que preferi não desperdiçar esforços em ações legais.

O Hotmail se espalhou pelo mundo. As pessoas se comunicavam com parentes que não viam há muito tempo e faziam novos amigos.

Cada conta de e-mail aberta no Hotmail nos custava alguns centavos em poder computacional e largura de banda, pois as pessoas enviavam e recebiam mensagens por meio de nossos servidores. Levantamos algum dinheiro com Doug Carlisle, da Menlo Ventures, mas, com nosso novo método de disseminar o produto por meio do marketing viral, a base de usuários cresceu exponencialmente, e as coisas desandaram. Em questão de meses, o investimento da Menlo Ventures acabou, e começou a preocupação.

– Eles estão distribuindo dinheiro. O que aqueles sujeitos do Hotmail andam fumando? – Doug perguntou aos sócios.

Estiquei meu investimento, convenci alguns investidores a nos dar apoio e organizamos uma criativa lista de condições financeiras que cobria altos e baixos. No entanto, o dinheiro seria suficiente apenas para um mês ou dois. Nossa esperança cresceu quando conseguimos um termo de compromisso de investimento de 10 milhões de dólares da GE Ventures, com base em uma avaliação de 120 milhões, mas, quando souberam que andávamos esbanjando dinheiro, eles desistiram. Foi então que recebemos uma oferta da Yahoo. Seriam 40 milhões de dólares pela empresa inteira. Nem tivemos chance de responder e a Microsoft ofereceu 90 milhões. Começava a guerra de lances. Até que a Microsoft ofereceu 350 milhões de dólares em espécie. Ao saber disso, Doug Carlisle me contou o que tinha dito aos sócios e fez graça:

– O que vocês andam fumando? Queremos também!

A Microsoft marcou um encontro em uma enorme sala de reuniões, liberada pelo setor jurídico. Participaram cerca de 20 pessoas, inclusive o diretor financeiro, Greg Maffei, que viajou de Redmond, Washington, para assumir a negociação. Sabeer e eu ocupamos uma extremidade da mesa. Na outra, acomodou-se o diretor financeiro da Microsoft, cercado por sua numerosa comitiva. Jack Smith e o pai, Rex, sentaram-se perto de Sabeer, enquanto meus sócios, John Fisher e Steve Jurvetson, ficaram perto de mim. Greg foi o primeiro a falar.

– Gostamos de sua empresa e estamos dispostos a pagar 350 milhões de dólares em dinheiro por ela. É nossa oferta final.

Depois de confabular com Sabeer e Jack, respondi com o tom mais desafiador que consegui:

– Também gostamos da empresa. Ela vale 2 bilhões de dólares, mas podemos aceitar 400 milhões em ações da Microsoft.

A equipe resmungou e pigarreou aqui e ali, até que Greg falou meio entredentes:

– Estamos autorizados a pagar 350 milhões.

O nervosismo do grupo, aliado à exatidão da proposta, sem espaço para negociações, me fez pensar que talvez as ações da Microsoft valessem mais do que dizia o mercado. Isso justificaria o fato de os representantes se mostrarem irredutíveis, e nós preparamos as armas.

– Nesse caso, não há o que conversar – Greg disse.

Sabeer e eu concordamos, e a reunião se desfez. Na sala, restou apenas o ar pesado pela tensão. No entanto, em vez de nos deixar partir, o advogado da Microsoft nos acompanhou até uma sala menor. Foi meio estranho. Estávamos saindo, mas a equipe não nos seguiu. John, Steve, Rex e Jack ficaram para trás. Nenhum queria desistir do negócio.

Enquanto isso, de volta à primeira sala, John Fisher assumiu com segurança as negociações, dirigindo-se ao grupo da Microsoft:

– Qual é o problema? Basta vocês pagarem mais 50 milhões de dólares e transformarem tudo em dinheiro. O prêmio é seu.

John pronunciou a palavra "prêmio" com uma entonação diferente e ênfase no "ê", enviando a mensagem de que apenas uma pequena mudança seria o suficiente para encerrar o dia com vitória.

Greg disse a John que não queria mais negociar com Sabeer, Steve ou comigo. Provavelmente não nos considerou razoáveis. John e Greg continuaram as negociações. Poucos dias antes do Natal, John anunciou que estava de partida para um local nas Bahamas onde não havia serviço telefônico; assim, a tentativa de acordo teria que esperar até o primeiro dia de janeiro. De repente, Greg gritou:

– Droga! TUDO BEM! Eu pago!

John se comunicou com Sabeer e embarcou no avião alguns segundos antes de a porta se fechar.

Combinamos não revelar o preço pago pela Microsoft. Sabeer e eu estávamos ao mesmo tempo aborrecidos e aliviados com o desfecho. Hoje percebo que aqueles 20 "graudões" da Microsoft não sairiam de mãos vazias, e poderíamos ter conseguido mais. Para nossa sorte, porém, o valor das ações da Microsoft quadruplicou no ano seguinte. Insistir nelas tinha sido a decisão certa para nossos investidores. Segundo Bill Gates, a compra foi excelente, uma vez que o Hotmail alcançou a marca de 500 milhões de usuários em todo o mundo e ajudou a Microsoft a comercializar seus outros produtos, oferecendo-os a quem passava a usar gratuitamente os serviços de correio eletrônico. Além disso, contribuiu para a disseminação da liberdade pelo mundo.

O marketing viral e o aval implícito divulgaram o Hotmail, e muitas empresas seguiram seu exemplo. Yahoo Mail, Gmail e muitas outras chegaram a mais de 3 bilhões de usuários – quase metade da população mundial. O produto oferecido sem custo teve enorme impacto sobre o mundo: as pessoas se aproximaram, se conectaram e usufruíram de mais liberdade. O Hotmail ajudou diversos países a libertar seus cidadãos.

O marketing viral proporcionou a empresas como Facebook, Twitter e Skype a possibilidade de ampliar a comunicação global. Praticamente o mundo inteiro está conectado, e acredito que esteja sendo escrito um novo capítulo de liberdade e abundância. Quando se combina comunicação e informação compartilhada, obtida em mecanismos de busca – Google e Baidu, por exemplo –, o mundo inteiro carrega uma bagagem similar no que se refere a produtividade. Um empresário de Tel Aviv tem acesso a comunicações e informações similares àquelas disponíveis a um empresário do Vale do Silício, de Jacarta ou de Acra.

Adotei como prática a aplicação de técnicas virais para ajudar as empresas a distribuírem seus produtos, pois acredito que isso lhes dá uma vantagem competitiva na conquista de clientes, com menos custos e mais rapidez. Se um produto se espalha mais fácil e rapidamente, a taxa de transferência de informações também acontece mais depressa, e todos nos beneficiamos das melhorias que ele oferece. Em última análise, pode-se dizer que o marketing viral surte o efeito de nivelar o terreno, pois as inovações se disseminam com tanta rapidez que chegam a qualquer um que tenha acesso a um computador.

Para Startup Heroes, essa nova disseminação rápida de informações e produtos representa ao mesmo tempo uma oportunidade e um dilema. Se a palavra se espalha rapidamente pelo mundo, a *startup* precisa lançar seu produto antes dos concorrentes. Enquanto isso, o Startup Hero deve produzir mais inovações do que qualquer outra pessoa do setor. Ideias para novos produtos são transitórias. Como todos têm acesso às mesmas informações, todos podem modificar produtos e inovar com base nisso.

Atualmente, centenas de empresas empregam o marketing viral para distribuir diversas categorias de produtos. Todo produto baseado em comunicação usa o marketing viral. O programa de marketing AT&T Friends and Family, a rede Linkedin e a *hashtag* do Twitter são exemplos óbvios. O Facebook e o Snapchat utilizam marketing viral para compartilhar fotos. Os fundadores do Skype implementaram diversos elementos virais no desenvolvimento de seus áudios e mais ainda quando lançaram o Skype vídeo.

A HISTÓRIA DO SKYPE VIDEO

Fiquei fascinado pela nova tecnologia "de pessoa para pessoa" que permitia o compartilhamento de arquivos. Ao pesquisar o setor, conheci Napster, Streamcast e Grokster. Tive a nítida impressão de que o compartilhamento de arquivos foi praticamente esmagado por uma poderosa e controversa indústria musical, mas acreditava em outras aplicações para essa tecnologia tão revolucionária.

Li no jornal que os donos da Kazaa, outra empresa de compartilhamento de arquivos de música, queriam vender o negócio e procuravam uma nova utilização para a tecnologia e cismei que poderia resolver. Eu lembrava que Niklas Zennstrom era da Suécia e Janus Fries, da Dinamarca; então, precisava fazer contato com eles quando fosse ao norte da Europa. Mais tarde, soube que a empresa estava começando a atuar em Londres.

Meu pai contratou Howard Hartenbaum para pesquisar empresas na Europa que servissem a seus negócios de risco. Eu me encontrei com Howard em uma conferência ETRE, em Sevilha, quando aproveitamos uma viagem de ônibus entre dois locais para discutir assuntos gerais sobre os negócios de risco. Ele estivera recentemente com meu pai e queria entender o que eu procurava ao investir. Fiz algumas sugestões, inclusive sobre uma lista de boas empresas mencionadas durante a conferência e, ao saber que ele viajava regularmente pela Europa, perguntei:

– Gostaria de encontrar os criadores da Kazaa? Eles se estabeleceram em Londres.

Howard concordou e, depois de três meses, ligou para mim e disse:

– Tim, acho que você deveria verificar pessoalmente. Os fundadores da Kazaa, quem me aconselhou a visitar, têm algo chamado Skyper que pode valer a pena.

Viajei a Londres ao encontro de Niklas, um homem mais ou menos de minha altura – 1,90 metro – com uma presença forte. Em um pub, começamos a discutir a nova ideia: o compartilhamento de arquivos pelo Skyper, para que as pessoas usassem os mesmos sinais de wi-fi. Fiquei tão animado que aderi imediatamente. Negociei com Niklas um termo de compromisso pelo qual o investimento no Skyper seria dividido entre a DFJ e o fundo gerido por meu pai.

Foi então que Niklas me telefonou:

– Tim, antes que você invista em nós, devo lhe dizer que, em vez do wi-fi compartilhado, decidimos fazer como as companhias telefônicas e transformar esses pacotes de pessoa para pessoa em veículos de transporte para chamadas de voz.

– Não sabia que isso é possível, mas claro que continuo no negócio.

Expus o caso a meus sócios, e eles foram contra. Falaram em pirataria e responsabilidade em relação à empresa anterior. A "pá de cal" veio de um sócio, que disse:

– Aqueles sujeitos são fora da lei.

Assim, em vez de termos um negócio compartilhado, meu pai foi o investidor exclusivo naquela primeira rodada.

A equipe mudou o nome para Skype, e as ligações gratuitas de pessoa para pessoa foram um sucesso. Qualquer um que baixasse o programa podia fazer e receber ligações. O serviço decolou, alcançando um número de usuários superior a 3 milhões, com capacidade de 100 mil chamadas de áudio simultâneas. O Skype virou um sonho de consumo. Com a decisão de captar mais dinheiro de capitalistas de risco, nossa parceria estava pronta para acontecer. A inusitada onipresença do Skype atraiu muito interesse, mas tivemos a sorte de contar com Howard de nosso lado. Ele se esforçou até conseguir que investíssemos por meio de nosso fundo internacional, DFJ ePlanet. Passei a integrar a diretoria e "pegamos o tigre pelo rabo".

A primeira reunião foi marcada para acontecer em Tallinn, na Estônia, em 18 de julho de 2005, exatamente no dia em que eu tinha me comprometido em dar uma palestra na conferência de Tony Perkins, em Palo Alto, Califórnia. Tony era um bom amigo, e eu não queria falhar com ele. Assim, ao pensar em um modo de estar nos dois lugares ao mesmo tempo, pensei na ideia de uma videoconferência.

Na época, os sistemas de videoconferência eram trabalhosos, caros e de má qualidade. Às vezes, o áudio ficava instável, o vídeo congelava ou a transmissão era interrompida. Eu achava um pouco injusto sugerir a Tony usar a videoconferência em seu grande evento, e a ideia de realizar uma transmissão de um local tão distante como Tallinn parecia anunciar um desastre iminente.

De modo surpreendente, Tony disse:

– Claro que já ouvi falar do Skype. Pode conseguir com que Niklas participe da videoconferência com você?

– Vou ver com ele – respondi.

Niklas concordou com prazer.

– Ainda que a transmissão seja de Tallinn? – perguntei.

– Sim, sem problema – ele disse depois de uma breve hesitação.

Tudo certo. Combinamos que, caso algo saísse errado, Tony exibiria nossas imagens na tela e faríamos uma chamada de voz.

Quando Jesse e eu chegamos ao escritório da Skype em Tallinn, estava tudo preparado. Niklas e eu nos sentamos em cadeiras de plástico e nos preparamos para ir ao ar. Niklas olhou por sobre meu ombro e gritou:

– Pronto, podem ligar!

– Como assim? O que está acontecendo? – perguntei.

– Por incrível que pareça, temos trabalhado em alguns sistemas de vídeo em nosso laboratório – foi sua resposta.

Fizemos a videoconferência, e deu tudo certo. Na verdade, Tony disse que jamais havia visto imagem tão nítida.

– Dava para ver os poros de sua pele, e as vozes estavam cristalinas.

Ao ver Niklas rir com gosto, orgulhoso, estranhei:

– O que há de tão engraçado?

– Essa foi a primeira videochamada pelo Skype. É o VSkype, nosso novo produto.

Ao perceber o que tinha acabado de acontecer, falei com entusiasmo:

– Niklas, temos um produto vencedor! É espetacular! Quer dizer que chamadas de vídeo gratuitas de excelente qualidade estão disponíveis para todos?

– Não foi tão fácil, Tim – Niklas explicou. – Cancelamos 100 mil chamadas de áudio simultâneas para conseguir a largura de banda necessária para a operação daquela chamada de vídeo. Vamos ter que enviar um pedido de desculpas aos usuários por ter interrompido o serviço durante uma hora.

Os melhores Startup Heroes fazem o que for preciso para que a empresa seja bem-sucedida!

Jesse também pode se orgulhar de ter participado da primeira chamada de vídeo pelo Skype. Ela é muito amiga da filha de Tony e, ao ouvir a voz dele, simplesmente coçou a cabeça e disse "Oi". Nenhum de nós imaginava a expansão do Skype vídeo e a incrível ferramenta que viria a ser, muito menos a liberdade que proporcionaria às pessoas em todo o mundo, mas, de algum modo, sabíamos que nada mais seria como antes.

Os dados demonstram que o Skype se transformou na maior empresa de telecomunicações. Em 2009, foi vendida à eBay por 4 bilhões de dólares, mais ações, e, depois de um breve período durante o qual pertenceu a uma empresa de *private equity*, foi comprada pela Microsoft por 8,5 bilhões de dólares. Os números impressionam: mais de 1 bilhão de downloads do Skype, mais de 300 milhões de usuários ativos por dia e utilização por mais de 1 trilhão de minutos. O Skype teve efeito duradouro sobre todos nós. A Estônia se tornou o novo centro do empreendedorismo, uma vez que engenheiros vieram de lá e levaram para lá a governança eletrônica, um processo que visa à manifestação política e à participação da sociedade civil junto ao governo por meio eletrônico. (Saiba mais sobre esse assunto adiante.)

A evolução do marketing viral levou a chamadas de áudio e vídeo do Skype, mídias sociais, massa de e-mails, ímãs de propaganda, ranqueamento de jogos pelo usuário em mecanismos de busca, marketing orientado a experimentos, contribuição colaborativa e plataformas colaborativas de comércio eletrônico. Quando nos conectamos, o progresso acontece mais rapidamente.

Todo software, *website*, programa, aplicativo e produto novo, digital ou físico, usa, usará ou deveria usar marketing viral. Cabe ao Startup Hero descobrir a melhor maneira de comercializar produtos de forma independente pelo mundo inteiro, com custo de distribuição baixo ou zero. Atualmente, no papel de potencial investidor, ao avaliar as propostas de um novo empreendimento, procuro analisar como a empresa se estende de usuário a usuário e como esses usuários se tornarão a própria força de vendas, como promoverão a liberdade a todo custo.

O Hotmail e o Skype criaram uma nova plataforma para a liberdade. Possibilidades se abriram. Em toda parte, a comunicação é livre e gratuita. Fronteiras físicas perdem a importância, favorecendo os relacionamentos. É possível tomar conhecimento de oportunidades onde quer que elas estejam. Culturas se combinam. O globalismo supera o nacionalismo. As pessoas podem decidir-se a tentar uma vida melhor em outro lugar e agir de acordo com essa decisão.

Os países também precisam se reinventar, adotar novas ideias, descobrir como competir de forma mais justa em favor de seus cidadãos. Limites geográficos começam a se dissolver, para que o planeta se abra. O mundo tribal, que separava os povos desde antes da Idade das Trevas, pode finalmente ser substituído por um livre mercado para a governança. Com a possibilidade de mudanças, os governos precisam atrair inteligência, dinheiro, empresas e espírito empreendedor se quiserem alcançar o sucesso. Seus serviços precisam atrair cidadãos em potencial. "Internacional" logo será um termo antiquado. "Global" é a palavra que vai conduzir o próximo século.

UMA HISTÓRIA NA UCRÂNIA

Ouvi falar de um possível investimento em uma empresa de terceirização na Ucrânia, a USC, e resolvi verificar pessoalmente. Assim, quando fui a Kiev, levei minha filha Jesse. Gosto da companhia de meus filhos em viagens de negócios, para que aprendam sobre meu trabalho e conheçam os lugares que visito. Roman Kyzyk, o fundador da empresa, conhecia Yushchenko, o então presidente do país, e arranjou um encontro com ele. Com seu jeito rápido de falar, Roman me contou sobre Revolução Laranja e sobre como os revolucionários usaram as mensagens instantâneas para organizar a cadeia de suprimento de flores e alimentos para os rebeldes, mantendo, assim, a força do movimento. As moças colocavam as flores nas armas dos guardas, e a comida deixava as pessoas mais dispostas para pressionar o governo. Apesar de bem-sucedida, a revolução deixou pelo menos uma vítima: o presidente Yushchenko, que foi envenenado. Ele sobreviveu, mas ficou enfraquecido e com o rosto cheio de manchas.

Depois de atravessar um labirinto de prédios e muitos guardas de segurança, chegamos ao belo gabinete do presidente. Com um gesto em direção à enorme tapeçaria na parede, ele explicou:

– Trata-se de uma tapeçaria histórica, que representa a Ucrânia como a primeira democracia. Planejo levar o país de volta a suas raízes democráticas. Seria bom se você investisse aqui.

– Por que eu faria isso? – perguntei. – Fiquei sabendo que são necessários seis meses e 23 burocratas para abrir uma empresa aqui!

– Vai precisar de apenas uma semana e um burocrata! – ele argumentou com autoridade, vencendo o estado de fraqueza em que se encontrava.

Aquele era o homem que havia lutado pela liberdade do país e planejava ações ousadas para manter o que conquistara. Quando nos despedimos, eu estava esperançoso de que ele conseguiria garantir à Ucrânia a liberdade e o livre mercado.

Animados pela visita ao presidente, fomos conhecer a empresa de terceirização. Eu não sabia disso, mas 40 engenheiros tinham sido convocados para se sentarem e fingirem estarem trabalhando, somente para me convencer a investir. E deu certo. Contra o melhor julgamento de minha filha, que considerou o empresário "sinistro", investi no negócio. Roman, então, montou uma coletiva de imprensa para apresentar o investimento. Acho que nunca vi tantas câmeras em um só lugar. Deixei a Ucrânia satisfeito com tanto interesse empreendedor.

Passado algum tempo, a empresa faliu, sem que ele soubesse como gastou o dinheiro. O interessante é que aquela foi uma das três únicas vezes, em trinta anos como investidor, em que acredito ter sido enganado. De modo geral, empreendedores são movidos por uma missão, e o dinheiro serve apenas como um caminho para a estrada da realização de suas visões.

Aprendi que a Ucrânia tem pela frente uma longa jornada para o desenvolvimento de uma sociedade honesta e empreendedora, mas percebi uma tentativa de mudança. Por meio da tecnologia de mensagens de texto, o país colocou em ação uma nova maneira de pensar. Yushchenko perdeu a eleição seguinte, e o país voltou ao passado de corrupção, mas foi exposto a um potencial de democracia e capitalismo. É provável que, um dia, concorrência e responsabilidade se espalhem pela Ucrânia, e o país tenha a chance de prosperar. Governo corrupto leva a uma sociedade corrupta, que leva à pobreza. Governo honesto e franco leva a uma sociedade honesta e franca, a liberdade e riqueza.

Ao crescer em torno de mensagens de texto, a revolução ucraniana conduziu a outras revoluções. Depois da Revolução Laranja, o Facebook e o Twitter contribuíram para a derrubada de governos corruptos na Tunísia e no Egito, na chamada Primavera Árabe. Liberdade e honestidade se espalham por meio de marketing viral. Agora, todos os países se conectam e sabem que precisam oferecer o máximo aos cidadãos, ou podem se ver às voltas com uma revolução viral.

A HISTÓRIA DA GOVERNANÇA ELETRÔNICA DA ESTÔNIA

O presidente Toomas Hendrik e o primeiro-ministro Taavi Roivas, da Estônia, levaram a nova oportunidade a sério. Tomaram como missão virtualizar o governo e competir por cidadãos de todo o mundo, reais e virtuais, assim como as empresas competem pelos clientes. Os dois líderes fizeram do governo eletrônico sua missão, e, por causa de sua atuação pioneira, suspeito de que o mundo jamais será governado apenas com base em territórios geográficos.

Ao discursar na Hero City da Draper University, o primeiro ministro disse:

– Apenas pela instituição da assinatura digital, economizamos 2% de nosso Produto Interno Bruto e, ao digitalizar as eleições, atraímos jovens a votar.

Conclui-se que os jovens preferem marcar quadradinhos no telefone celular a entrar em cabinas antiquadas e desconfortáveis.

Taavi Roivas prosseguiu, explicando o programa de identidade digital da Estônia, que reduziu o índice de criminalidade e melhorou o panorama dos negócios. Ele me concedeu a terceira residência virtual da Estônia. Agora, nem preciso colocar o pé no território estoniano para abrir uma conta em um banco europeu em menos de vinte e quatro horas (eu fiz isso), comprar imóveis na Europa e negociar por meio digital em qualquer ponto do continente europeu.

Recentemente completei um financiamento com Kaidi Ruusalepp, da Funderbeam, uma empresa que oferece liquidez a empresas privadas na Estônia. Selamos o negócio com um contrato digital remoto assinado eletronicamente no *blockchain* (protocolo de confiança) estoniano. O processo nos poupou da obrigação de ir até o local ou mesmo de contar com advogados fisicamente presentes. O contrato é permanente e pode ser acessado com facilidade sempre que qualquer uma das partes quiser fazer uma consulta.

Outros países vêm seguindo o exemplo da Estônia. O governo de Cingapura trabalha uma forma própria de governo eletrônico, uma vez que, historicamente, tem aberto caminho, com a digitalização e a automação de serviços governamentais; o parlamento britânico iniciou a automatização e estimula o financiamento coletivo e o *bitcoin*; Cingapura e Suíça inovaram com a adoção de sistemas legais para contratos digitais e ofertas iniciais de moedas por meio de *blockchain*. Mais tarde voltarei a esse assunto. O Japão anunciou que aceita *bitcoins* para pagamentos legais no país. Governos reconhecem que participam de uma competição pela conquista de grandes inteligências e fortunas e que são responsáveis por seus cidadãos – uma cidadania armada por informação, comunidade e comunicação.

O primeiro ministro do Casaquistão quis conhecer a Draper University e a Hero City, para entender a mágica do ecossistema Draper. Depois me convidou para visitar Astana e conversar com seus consultores e sua equipe. Sua intenção é mudar o Casaquistão.

Sugeri que ele criasse um sistema competitivo de residência virtual.

– Passados quatro anos do lançamento do programa, a Estônia tem apenas 20 mil residentes virtuais. É possível melhorar muito e estender sua mensagem a bilhões de indivíduos em todo o mundo. Em vez de exigir visto de entrada, receba visitantes portadores de residência virtual com um cartão dizendo: "Bem-vindo ao Casaquistão. Este é seu cartão de residência virtual. Apresente-o em sua próxima visita e evite a fila da alfândega."

Ao descobrir que *kazakh* significa "livre", logo percebi a oportunidade de marketing viral com uma campanha relacionada ao cartão de residente virtual: "Sou livre, sou *kazakh*." A quem tiver o cartão, o governo pode oferecer serviços tais como seguro-saúde, gerenciamento de pensão, título de seguro imobiliário e outros que não exijam presença física. Deixei o Casaquistão otimista e cheio de esperança de que o primeiro ministro promova *kazakh* a todo custo.

A China e os Estados Unidos, de forma diferente, enfrentam fortes reações contrárias às decisões de dominar e controlar seus cidadãos. A decisão de proteger a moeda chinesa, impedindo sua saída do território, teve efeitos negativos, com intensa desvalorização. Os investimentos internacionais também sofreram, pois os investidores passaram a considerar a China um "buraco negro", que deixa o dinheiro entrar, mas não o deixa sair. A ideia da construção de um muro na fronteira entre Estados Unidos e México também não deu certo. Houve descontentamento em ambos os lados, por diversas razões, mas em especial porque as pessoas sentiram sua liberdade ameaçada. Atualmente, a maioria dos que seriam afetados pelo muro deseja passar do México para os Estados Unidos; no futuro, pode acontecer o contrário. Quem sabe quais povos vão querer migrar?

A liberdade, em minha opinião, é o mais importante recurso para que a humanidade viva próspera e feliz. Mais do que o controle a liberdade, contribui para o progresso. Mercados abertos favorecem mais a liquidez e a riqueza social do que mercados fechados. Liberdade de expressão é melhor do que mordaça para identificar e expor problemas, de modo que se tornem oportunidades de progresso. O livre pensamento permite que empreendedores imaginem negócios transformadores. Liberdade é o que há de mais importante. Discurso livre. Imprensa livre. Religião livre. Mercados livres.

A criação de uma plataforma para a liberdade, na qual as pessoas sejam incentivadas a fazer a coisa certa, exige mais trabalho e esforço do que apenas a criação de uma lei que impeça determinadas ações ou comportamentos inadequados. No entanto, ter liberdade é mais importante do que ter regulamentações, e os incentivos negativos costumam desandar, exigindo novos incentivos negativos. Um pouco mais de criatividade e dedicação no planejamento, com os incentivos apropriados, pode gerar um sistema livre. No papel de Startup Hero, você pode adotar essas soluções para sua empresa: crie uma plataforma para a liberdade que favoreça ao máximo o sucesso e os comportamentos desejados para sua equipe. As pessoas respondem positivamente à liberdade e à confiança. De maneira similar, respondem negativamente ao controle.

O primeiro mandamento, "promover a liberdade a todo custo", vem em primeiro lugar porque acredito que seja o mais importante.

Um Startup Hero cria um ambiente propício à liberdade, sem deixar de guiar a empresa na direção certa. Os melhores gestores estabelecem uma meta ambiciosa e deixam que seu pessoal encontre o melhor meio de alcançá-la. Os piores gestores dizem exatamente o que seu pessoal deve fazer, sem liberdade para desvios. A liberdade favorece o talento e a criatividade. Startup Heroes que criam plataformas para a liberdade tendem a estar cercados de pessoas dedicadas a desenvolver empresas e missões bem-sucedidas. Quem controla e regula tudo minuciosamente usa apenas as próprias ideias para gerir a empresa e acaba sozinho.

QUESTIONÁRIO SOBRE LIBERDADE

1. O que significa ser livre?
2. Como você garante a liberdade e o bom desempenho dos funcionários?
3. Já lhe aconteceu de, tendo a chance de criar liberdade, optar pela criação de regras?
4. Na próxima vez em que pensar em criar uma regra, substitua essa ideia por um incentivo, para que a equipe alcance um resultado melhor.
5. Ocupe primeiro a pista de dança, feche os olhos, dance e cante com todo o coração.
6. O que você pode fazer para proporcionar liberdade a alguém? Consegue libertar sua empresa? Seu país?

O ENIGMA DA LIBERDADE

É o chamado "dilema do prisioneiro". Dois suspeitos passam, em separado, por um interrogatório. Se o primeiro acusa o segundo, é condenado a um ano de prisão, enquanto o outro é sentenciado a dez anos. Se os dois se acusam, ambos são condenados a cinco anos de cadeia. Se nenhum dos dois confessa, são absolvidos. O que você faria caso fosse um dos suspeitos?

Fazer tudo o que estiver a meu alcance para buscar, favorecer e desenvolver o progresso e a mudança

A HISTÓRIA DO *BITCOIN*

Tive o primeiro contato com o conceito de moeda virtual em 2004, durante uma conversa com um rico industrial coreano. Foi quando ouvi falar de MMOPG (*massively multiplayer online role-playing game*), um jogo de interpretação de personagens on-line em massa, para múltiplos jogadores, que invadia Seul, que caiu no gosto de cerca de 40% da população. *Lineage* era o nome do jogo. Ele mesmo estava tão envolvido que havia contratado alguém para substituí-lo, ou seja, para usar seu avatar enquanto estivesse ocupado, a fim de não perder a posição virtual conquistada.

Ao longo da conversa, o industrial contou, ainda, que seu filho havia pedido uma espada de 40 dólares de presente de aniversário.

– Que tipo de espada? – perguntei interessado.

– Na verdade, trata-se da figura de uma espada que ele usa no jogo.

Fiquei chocado.

– Ele quer pagar por pixels na tela?

– Sim. A espada tem poderes e será muito útil quando ele jogar.

Eu estava cada vez mais interessado. As pessoas pagariam por produtos virtuais!

Aquela revelação foi como uma epifania. Negócios incríveis em moeda virtual eram anunciados, algo potencialmente importante. Novos jogos surgiram, inclusive *Farm Ville*, bastante divertido, no qual os jogadores comercializavam ouro virtual, pagando com moeda fiduciária de verdade. Desenvolvia-se um mercado: alguns ganhavam ouro e outros compravam, para avançar no jogo. Minha busca por uma moeda virtual universal estava em movimento.

No entanto, somente em 2011 descobri o *bitcoin*, uma nova moeda que poderia ser usada para agregar valor e pagar por qualquer coisa, e não apenas para avançar no jogo. Havia algo de "antiquado", uma vez que "mineradores" precisavam resolver algoritmos complexos no computador, "cavando" para achar *bitcoins*. Simulações aceleravam o processo. As moedas ficavam guardadas em uma carteira virtual e eram utilizadas quando necessário. A utilização mais variada e o número decrescente de moedas disponíveis provavelmente fariam o valor do *bitcoin* subir. O sistema estabeleceu em 21 milhões a quantidade de *bitcoins* a serem criados, de modo que ninguém precisasse se preocupar com uma possível queda do valor por excesso de emissão – prática adotada por muitos governos, causando desvalorização da moeda e inflação. Na verdade, é provável que a disseminação dos *bitcoins* promova sua valorização.

De início, tudo se assemelhava a uma brincadeira, até que o *bitcoin* começou a ser aceito no lugar do dólar. Conta-se que um dos programadores da moeda virtual pediu uma pizza e não tinha dinheiro. Então, ofereceu *bitcoins* ao entregador; em três meses, o rapaz estava milionário. Outra pessoa teria recebido *bitcoins* pela venda de uma casa.

Decidido a se dedicar com afinco a empresas voltadas para *bitcoins* e para a tecnologia de *blockchain*, meu filho Adam criou uma aceleradora de *startups* chamada Boost VC. Ele foi o primeiro a investir na Coinbase, uma plataforma segura que facilita a compra, a venda e o armazenamento de criptomoeda e que veio a dominar o uso do *bitcoin* no varejo. Além disso, reuniu cerca de 40 empresas em duas sessões, com a finalidade de estudar o uso, a inovação, a mineração e as trocas de moeda virtual.

Quem primeiro me falou sobre o *bitcoin* foi Joel Yarmon, quando me apresentou Peter Vincennes e sua empresa Coinlab, na tentativa de obter financiamento. Apesar de aparentemente pouco interessante, gostei da empresa, e fizemos um pequeno investimento. A Coinlab se tornaria uma mineradora e inovadora com foco em *bitcoins*.

Pedi, então, a Peter Vincennes que comprasse para mim 250 mil dólares em *bitcoins*, ao preço de 6 dólares cada. Ele guardou tudo na Mt. Gox, à época a maior comercializadora da moeda virtual. Em seguida, porém, na tentativa de obter *bitcoins* mais baratos, ele pegou uma parte para comprar um ASIC (*Application Specific Integrated Circuit*) – ou, em português, CIAE (Circuito Integrado de Ação Específica) –, um chip minerador de alta velocidade. Foi quando dois fatos fizeram desaparecer cerca de 40 mil *bitcoins*.

Primeiro, o chip minerador atrasou. Em vez de transferi-lo para Peter, conforme as instruções, o pessoal da Butterfly Labs usou o chip que era meu. Somente depois de minerar *bitcoins* durante meses, eles transferiram o chip para Peter, e, durante esse tempo, mais mineiros entraram no negócio, tornando mais rara a criptomoeda. Quando Peter finalmente recebeu o chip ASIC, tínhamos perdido a janela de oportunidade. E, como se não bastasse aquela competição entre mineradores, Peter guardou meus *bitcoins* em uma carteira controlada pela Mt. Gox, que os "perdeu".

Por incrível que pareça, meu interesse aumentou quando soube que alguém associado à Mt. Gox tinha desaparecido com cerca de 460 milhões de dólares em *bitcoins*, inclusive alguns que Peter tinha guardado para mim. De início, fiquei furioso, é verdade. Acreditei que aquela espécie de roubo destruiria a nova moeda. Afinal, quem iria querer uma moeda que os "iniciados" podiam roubar? No entanto, o preço do *bitcoin* caiu apenas cerca de 20%, e a moeda virtual continuou sendo comercializada. Fiquei surpreso e, ao mesmo tempo, fascinado.

Concluí que a demanda pela nova moeda digital era tão intensa que nem um grande roubo impediria o *bitcoin* de apontar um novo modo de negociar, armazenar e transferir dinheiro. A sociedade precisava tanto daquele recurso que se dispunha a tolerar grandes fraudes e fracassos, desde que pudesse contar sem atritos com uma moeda global.

Com a crise financeira, as pessoas vinham perdendo a confiança em moedas fiduciárias controladas pelos governos. Era preciso algo mais livre. Tratava-se, sem dúvida, de uma grande transformação, que, no papel de agente da mudança e de melhoria da sociedade, eu pretendia apoiar e levar adiante.

Consciente da importância do *bitcoin* como nova moeda e um recurso potencialmente transformador, resolvi apoiar diversas empresas da Boost VC, e uma excelente oportunidade surgiu. O *bitcoin* permitia também usos ilegais, e um dos mais notórios foi o caso da Silk Road, um grupo que facilitava a compra e a venda do que quer que fosse, inclusive drogas e armas, e, até mesmo, a contratação de matadores. De início, acreditava-se que fosse impossível acompanhar o trajeto percorrido por um *bitcoin*, mas a verdade é exatamente o contrário. Por ter um caminho associado que é único, todo *bitcoin* roubado ou usado para a compra de serviços e produtos ilegais pode ser facilmente rastreado. Assim, acredito que todos os criptocriminosos um dia serão apanhados. E isso já aconteceu com muitos deles.

Eu ainda lamentava os *bitcoins* perdidos quando um acontecimento me devolveu o interesse por aquela oportunidade. O Departamento de Justiça dos Estados Unidos confiscou as moedas da Silk Road, e mais de 30 mil *bitcoins* foram a leilão. Percebi uma chance de comprar de volta minhas criptomoedas.

Apresentaram-se 31 licitantes para o leilão, que compreendia uma oferta reservada de nove blocos, cada um com aproximadamente 4 mil *bitcoins*. A maior parte da discussão girou em torno do desconto na venda de grandes blocos de *bitcoins* em relação aos preços de mercado, então em 618 dólares cada unidade. No último minuto, resolvi oferecer 632 dólares – acima do preço de mercado.

Consegui os nove blocos! Depois do inevitável remorso que acomete o comprador ciente de que pagou acima do limite dos outros, comecei a estudar o melhor destino para aquelas moedas "de passado duvidoso". Por fim, decidi usá-las para apoiar a proliferação de *bitcoins* em mercados de países emergentes, onde a população não confiava na própria moeda. Em muitos desses casos, a desconfiança se devia à prática do governo de emitir dinheiro, reduzindo seu valor e ampliando a corrupção. Inflação e descrédito provocam retraimento.

Para piorar, quem tem pouco dinheiro não é "bancável". Pessoas que não têm dinheiro suficiente para compensar todo o procedimento dá prejuízo ao banco. As regulações do sistema financeiro, destinadas a proteger o "pobre", impedem-no de participar da economia, quase obrigando-o a continuar "pobre". Esses "inbancáveis" somam cerca de 3 milhões, e o *bitcoin* pode ser a solução para eles!

Avish Bhama, um empreendedor dono da Mirror, financiada pela Boost, me ajudou a traçar um bom plano para levar a moeda aos mercados de países emergentes. A ideia era proporcionar aos habitantes de países em desenvolvimento a capacidade de investir em qualquer coisa, ainda que tivessem pouco dinheiro em moeda nacional. O *bitcoin* serviria de "canal" para as transações. Organizamos uma grande coletiva de imprensa para explicar os planos, mas, desde então, já fizemos diversas alterações. De todo modo, nossas ideias melhoraram a atitude geral em relação à moeda virtual, elevando também seu preço. O *bitcoin* representou uma dádiva para os "sem banco" ao proporcionar um sistema econômico livre das atuais excessivas regras do sistema bancário.

Eu precisava guardar os *bitcoins* em uma carteira segura. Para isso, contei com a ajuda de Avish e de Leif Jurvetson, um jovem de 14 anos, filho de meu sócio e especialista no assunto, além de grande proponente de criptomoedas. Tratamos de questões ligadas à segurança, e Leif estava a meu lado quando discuti a transferência dos *bitcoins* adquiridos ao Departamento de Justiça dos Estados Unidos.

Resolvida a transferência, houve certa demora. O ciclo de aprovação, normalmente cumprido em dez minutos, já durava meia hora, e começamos a ficar ansiosos. Quando finalmente tomamos conhecimento da entrada de 0,0007 *bitcoin* na carteira, pensamos que tinham sido hackeados!

Pouco depois, porém, os autenticadores reconheceram a transferência no *blockchain*. Tudo estava bem. Agradecemos ao funcionário do departamento e desfizemos a conexão.

Mais tarde, eu soube que aqueles 0,0007 *bitcoin* tinham sido um presente de Leif, em agradecimento por ter sido convidado para uma transação tão importante. Bom garoto!

De posse dos *bitcoins*, trabalhei na Mirror, empresa de Avish, uma vez que ele queria usar a criptomoeda de modo semelhante ao dinheiro em diversas transações. Após algum tempo, a Mirror mudou seu modelo de negócios, mas empresas às quais dei suporte em seguida – BitPesa, na África, Bitpagos, na América latina, e Coinhako, no Sudeste da Ásia – adotaram a ideia e fizeram do mundo emergente seu mercado.

Os benefícios óbvios do *bitcoin* são: 1) trata-se de uma moeda aceita em todo lugar, sem interferência de governos; 2) representa uma solução para a guarda de valores, pois não exige armazenamento de metais ou de obras de arte; e 3) é uma moeda simples, que pode ser transferida automaticamente com base em um contrato, sem os usuais entraves impostos pelas regulamentações, que, muitas vezes, exigem a interpretação de um advogado ou um contador. Há diversos usos para a moeda virtual, e uma carteira pode promover a custódia de um contrato em transição, a redistribuição de uma propriedade ou, ainda, servir como agente de transferência na distribuição de pagamentos, dividendos ou ações. E estamos apenas arranhando a superfície.

A tecnologia por trás do *bitcoin* chama-se *blockchain*. E o *blockchain*, que também tem um potencial maravilhoso, pode ser pensado como uma espécie de livro de registro para dinheiro, dados, inventários, contratos etc. Contratos digitais "inteligentes" podem ser elaborados de maneira a prever eventualidades e as corrigir automaticamente.

Corporações podem empregar a tecnologia de *blockchain* para pagar salários e benefícios a funcionários, transferir dividendos para acionistas e ressarcir credores – tudo com absoluta precisão. Além disso, o *blockchain* serve para as empresas pagarem fornecedores e receberem de clientes, administrando, sem atritos ou intervenção humana, planos de pagamento a prazo (*layaway*) e garantias.

A tecnologia de *blockchain* gerencia *three-way transfers* com facilidade e, se necessário, efetua operações de varejo sem necessidade de cartões de crédito ou débito; seguradoras administram reivindicações e automatizam cobranças; questões ligadas à custódia de propriedades e títulos se resolvem com facilidade e rapidez entre comprador e vendedor; remédios e alimentos são autenticados para garantir sua origem.

Além disso, os governos podem usar *blockchain* e *bitcoins* – tal como faz o governo dos Estados Unidos – para controlar a segurança social, a saúde pública, o trabalho, a assistência social e todo registro de dados de cidadãos e empresas. Na função de protocolo de confiança, o *blockchain* é o "funcionário" perfeito a serviço do governo: honesto, incorruptível, seguro e justo.

O *bitcoin* e sua tecnologia subjacente – o *blockchain* – são novidades que favorecem o progresso. No entanto, mudar é difícil para quem não tem nos olhos a centelha do Startup Hero, e muitos setores precisarão passar por mudanças fundamentais até se adaptarem a esse novo modo de pensar.

As pessoas terão que aprender que o banco, que foi, durante séculos, a terceira parte confiável, logo será substituído pelos computadores, que atualmente monitoram suas *holdings* por meio de *blockchain*. Transações bancárias serão mais simples, mais seguras e mais fáceis – e menos monótonas – do que aquelas realizadas por funcionários instalados em agências. Com o tempo, as pessoas verão, assim como eu vejo, que o dinheiro mantido em Coinbase está mais seguro do que aquele guardado nos bancos Wells Fargo ou JP Morgan.

Ainda assim, os resistentes talvez digam gostar de saber que existe alguma coisa por trás de seu dinheiro, seja ouro ou a garantia do governo. Pois bem: o padrão ouro não é mais considerado e, com a crise financeira, a garantia está seriamente ameaçada. Computadores são muito menos propensos a roubar o dinheiro das pessoas. Seria bom os resistentes considerarem que seu dinheiro já voa pela internet no sistema atual, e o *blockchain* somente acrescentaria segurança. Além disso, o banqueiro *blockchain* resolve mais depressa.

Essa nova moeda digital merece viver e crescer, por sua capacidade de criar um novo mercado, independentemente de políticas governamentais e de atravessar fronteiras, assim como o ouro, mas com menos complicações do que uma transferência bancária. A redução do atrito (e o aumento da liquidez) estabelecerá a plataforma para um mundo mais rico e próspero.

No entanto, a moeda virtual ainda sofre as dores do crescimento. Durante os dezoito meses seguintes àquele leilão "histórico", muitos outros incidentes de roubo e uso ilegal levaram medo ao mercado, e minhas moedas se desvalorizaram. As que recomprei da Silk Road caíram para menos de 200 dólares cada. Felizmente, para mim e para nossa sociedade global, a confiança voltou. À medida que são descobertos novos usos para o *bitcoin* e que o mercado se expande e se estabiliza, o preço sobe.

Acredito que, no futuro, essa volatilidade seja vista como lombadas no meio do caminho, que leva a uma economia mais justa, transparente e globalmente distribuída. A prosperidade e a riqueza de uma sociedade se devem em parte ao livre comércio. O *bitcoin*, por ser transparente e flexível, pode criar um mundo mais próspero e rico.

É interessante notar que os países já reconhecem a competição entre eles e procuram avançar na economia baseada em moedas virtuais. Os que adotam uma postura mais inteligente apoiam o *bitcoin* ou sugerem ligeiros toques na regulamentação, a fim de atrair a criatividade, o dinheiro e as *startups* que jorram no setor.

Existem muitos paralelos entre a criptomoeda atual e a internet de 1994, quando somente os *hackers* tinham acesso a ela, além daqueles que a utilizavam como *hobby*. Eu me lembro de, no início, entrar apenas para comprar diamantes ou tentar invadir o Comando de Defesa Aeroespacial da América do Norte (NORAD). Suas utilidades eram poucas. Passaram-se anos até que a internet se popularizasse, provocando uma grande transformação. O HTTP foi o primeiro protocolo de comunicação e, por isso, foi adotado como padrão, embora houvesse soluções mais elegantes. De maneira semelhante, as pessoas se frustram com as limitações do *bitcoin*, mas o tomaram como padrão ser o mais antigo e popular.

Os Estados Unidos foram espertos ao deixar a internet livre e sem regulamentações, pois empreendedores criaram *startups* no país, e a economia do setor cresceu. A "mão leve" na regulamentação deve contribuir para manter os inovadores em território estadunidense. No momento em que escrevo este livro, a Comissão de Negociação de Commodities Futuras (CFTB) e a Comissão de Valores Mobiliários (SEC) adotaram uma posição de expectativa em relação ao florescente mercado virtual. A SEC considerou seguro o Objeto de Acesso a Dados (DAO), mas se declarou aberta a outras formas de evitar regulamentações de valores mobiliários.

Alguns países que adotaram uma postura inovadora em relação à tecnologia de *blockchain* foram os primeiros beneficiários dela. Cingapura e Suíça estabeleceram diretrizes para as pessoas criarem criptocommodities competitivas. Tanto indivíduos quanto empresas podem criar ofertas de commodities ou ofertas iniciais de moedas (ICO) com uma missão integrada.

Em minha opinião, perder a economia de *bitcoins* seria semelhante a perder a internet. Dessa forma, o *bitcoin* chegou para ficar, e os países precisam garantir uma posição competitiva em relação aos usuários do mundo inteiro se quiserem se beneficiar da tecnologia. Os Estados Unidos apostaram alto ao permitir que a internet se desenvolvesse sem impedimentos, e, assim, o Vale do Silício prosperou. Espero que os novos líderes reconheçam no *bitcoin* o mesmo potencial para conduzir a prosperidade e o crescimento econômico.

O aumento de barreiras sociais causa mais atrito e corrupção. Menos regulamentações deixam as sociedades mais livres e ricas, pois aumentam a oferta de empregos. Mais liquidez cria uma sociedade rica;

menos liquidez gera pobreza. Às vezes, o excesso de regulamentação do sistema bancário, ou uma economia inflacionária, incompetente, favorece a preferência pelo *bitcoin*, que acaba por servir como indicador de má administração.

Alguns governos progressistas e inteligentes perceberão na tecnologia de *blockchain* uma oportunidade, pois muitos serviços podem ser oferecidos virtualmente, sem as restrições das fronteiras geográficas. Serviços virtuais, como seguro-saúde, pensões, seguro-desemprego ou renda básica, podem ter importância quando se trata da competição pelos cidadãos, sejam nativos ou estrangeiros. A localização física de um governo pode representar a parte mais complicadora da governança; por outro lado, a governança virtual pode ser exercida de qualquer lugar, quer o cidadão resida no território geográfico ou não.

Pode-se dizer que, no longo prazo, a visão do *bitcoin* é proporcionar ao mundo a emancipação econômica. Os bancos terão que adaptar seus serviços à medida que a necessidade de terceiros ou intermediários confiáveis for suplantada pela presença de uma multidão de monitores dignos de confiança, presentes na tecnologia de *blockchain* – um registro perfeito, que consegue cumprir os papéis de contador ou consultor. Além disso, contratos digitais inteligentes podem mudar o significado da profissão de um advogado corporativo. Ninguém precisará guardar ouro ou dinheiro, pois o *bitcoin* é muito mais conveniente em relação à guarda de valores. Quando se convencerem de que moedas fiduciárias são inferiores a moedas virtuais, os governos deverão proporcionar aos cidadãos mais liberdade financeira, para não correrem o risco de perdê-los. Autoridades fiscais e provedores de serviços de assistência social podem ser substituídos por mecanismos de redistribuição de impostos e carteiras de seguros com base na tecnologia de *blockchain*.

O único limitador do potencial do *bitcoin* é a imaginação dos empreendedores que trabalham para impulsionar essa nova economia virtual. Acredito que a comunidade de usuários alcance, um dia, a autorregulação, para garantir o monitoramento e a honestidade. Com isso, talvez diminua a necessidade de os diversos governos do mundo regularem a criptografia.

A revolução do *bitcoin* está em andamento. Veio para proporcionar serviços bancários a quem não dispõe deles, democratizar as oportunidades econômicas e reavaliar a governança. Espero que provoque uma mudança geral não apenas nos sistemas financeiro e bancário, como também na assistência médica, na democracia e nos governos.

DAOs E ICOs

As pessoas descobriram que a arquitetura de *blockchain* pode ser usada no levantamento de fundos para projetos e *startups*. Na verdade, descobriram ser possível criar moedas próprias, com a utilização do *bitcoin* como modelo. São as DAOs (organizações autônomas descentralizadas). A DAO Maker, primeira delas, teve um começo pouco esperançoso. A plataforma, descentralizada, era Ethereum, que usa um protocolo similar ao *blockchain* do *bitcoin*. No entanto, um *hacker* descobriu que, durante a transferência do dinheiro de uma entidade para outra, era possível "sifonar" a moeda, chamada *ether*, correspondente à venda dos *tokens* (chaves eletrônicas). O *hacker* conseguiu roubar 3,6 milhões de *ethers* – na época, correspondiam a 72 milhões de dólares –, o que fez desabar o preço da moeda digital de 20 dólares para cerca de 13 dólares, fazendo as ofertas de DAOs cessarem abruptamente.

No entanto, a DAO Maker tinha levantado 100 milhões de dólares, e muitos empreendedores perceberam o potencial daquelas ofertas. Afinal, as DAOs – e as ICOs, como ficaram conhecidas as ofertas iniciais de moedas – conseguiam levantar, com relativa facilidade, dinheiro de particulares para ser aplicado em projetos, sem empregar capital próprio e com poucos problemas em relação a organizações governamentais. Os *tokens* comprados podiam ser imediatamente negociados, e o preço flutuaria conforme o valor do ativo subjacente.

Todo projeto pode ser financiado por uma organização autônoma descentralizada (DAO), e toda *startup* pode levantar dinheiro com o lançamento de moeda própria. Na verdade, o processo não precisa se limitar a *startups*; qualquer um tem condições de fazer uma oferta inicial de moeda (ICO, do inglês, *Initial Coin Offering*). Imagine as mudanças sociais e a tranquilidade dos mercados, a riqueza e os empregos que podem ser criados se cada um levantar o próprio dinheiro e tiver o trabalho valorizado por uma nova moeda.

No momento em que escrevo este livro, a Draper Associates já consolidou três ofertas iniciais de moeda: a Bancor tem potencial para transformar mercados para projetos e *startups*; a Tezos tem capacidade de modificar a maneira como nos governamos globalmente; e a Credo pode ser o veículo para todos cuidarmos de nossos valores.

A tecnologia *bitcoin/blockchain/*ICO é transformadora. O único possível limitador das mudanças que vamos encontrar é nossa imaginação. O ser humano tem a oportunidade de ir muito além do que se imagina. Com a descentralização do poder econômico, esses *tokens* são capazes de abrir o mundo da economia, em qualquer lugar, a qualquer um que traga uma ideia e disposição para agir e mostrar ao mundo tal ideia e seu *token*.

No papel de Startup Hero, cabe a você fazer o máximo para favorecer o progresso e a mudança. Dessa forma, considere o *bitcoin* um dos veículos atualmente disponíveis para guiar o progresso e a mudança para ajudar a humanidade a seguir em frente. A consciência desses avanços o capacita a liderar o setor.

UMA NOTA SOBRE O POTENCIAL DO *BITCOIN*

A importância do *bitcoin* para nosso mundo pode ser comparada à importância do cartão de crédito ou do papel-moeda. Quando o dinheiro circula mais rapidamente, devido ao pouco atrito na economia, a sociedade enriquece; o *bitcoin* contribui para isso. As pessoas não precisam pagar a um "terceiro confiável" ou a um banco para efetuar a transação. A moeda digital consegue circular mais depressa por estar livre de ameaças externas, tais como hackeamento e possíveis fraudes nos bancos.

O *bitcoin* pode ser usado para quase tudo que o banco faz atualmente. Entre as aplicações imediatas, podemos citar: envio de dinheiro para o exterior; pagamento de produtos e serviços; pagamentos de pequenas quantias a quem precisa receber por seus serviços (operadores de câmera ou atores, por exemplo); pagamento de salário de funcionários com atuação no exterior; ou transferência de recursos para indivíduos sem conta bancária.

No longo prazo, todo contrato estará mais bem coberto se for registrado em *blockchain*. Desse modo, qualquer contrato que envolva um evento – venda de uma empresa, distribuição de *royalties* ou dividendos, morte, resultado de um jogo –, no qual haja necessidade de pagamento ou distribuição de algum valor, pode ser aceito, executado e pago sem a interferência de um advogado ou um contador, uma vez que toda a sociedade faz o papel de "terceiro confiável". Uma série de documentos escritos, um escritório de contabilidade e uma agência bancária física tornam-se desnecessários.

A tecnologia de *blockchain* do *bitcoin* é aberta e transparente, difundida, sem atrito e segura. Tem potencial para ser tão transformadora quanto a internet, ou mais. Enquanto a internet transformou a música, as comunicações, a informação, o entretenimento e os transportes, o *bitcoin* e seu *blockchain* proporcionam aos governos a possibilidade de serem virtuais; aos bancos, de serem desnecessários; à propriedade, de ser garantida; à segurança, de ser certificada; e às pessoas, de saberem quem é dono de quê.

Ofertas iniciais de moedas têm o potencial de abrir novos caminhos para a criatividade humana. Pense em oferecer serviços bancários a quem não tem conta em banco, assegurar o insegurável e dar liquidez a mercados que, até então, não eram líquidos. Ofertas iniciais de moedas podem representar, para o progresso econômico, uma transformação tão importante quanto representaram os juros para o emprestador ou as ações para o investidor. Mal posso imaginar as transformações que não passavam de sonhos antes dos *tokens* autônomos descentralizados. Acredito que assistirei a uma verdadeira revolução em tudo, de finanças a serviços de saúde, de dados a distribuição, de infraestrutura a governo.

QUESTIONÁRIO SOBRE PROGRESSO E MUDANÇA

1. O que você vai fazer para orientar, favorecer e alcançar progresso e mudança?
2. Em seu mundo, o que considera incorreto, estagnado ou com necessidade de melhoria ou inovação?
3. Como pretende agir para promover a mudança?
4. Que forças do *status quo* se dispõe a enfrentar?
5. Como acredita que o *status quo* vai responder a isso?
6. De que recursos vai precisar? Quem pode ajudá-lo?
7. Que vantagens pode obter de uma oferta inicial de moeda? Que tipo de moeda anunciaria? Que mudança essa moeda promoveria?
8. Dirija-se a alguém na rua que se disponha a ouvi-lo e explique a essa pessoa como ganha a vida.

O ENIGMA DO PROGRESSO

Como maximizar o progresso da sociedade? Quais são os melhores exemplos de sociedades bem-sucedidas? E quais são os piores exemplos de governos que deixaram de oferecer a plataforma necessária para o sucesso de sua população?

Acredito que um simples exemplo é capaz de demonstrar como os governos alcançam o sucesso. Ao longo de um eixo, fica a confiança, em uma escala que vai do governo mais corrupto para o mais honesto; ao longo de outro eixo está a liberdade, em uma escala que vai do máximo para o mínimo gasto do governo. E o eixo cobre um período de tempo de quarenta anos. Por exemplo: o desempenho atual dos Estados Unidos tem muito a ver com as plataformas traçadas há quarenta anos.

Cingapura está "bombando". Passou de país mais pobre do planeta a um dos mais ricos. Sua trajetória incluiu o avanço do governo mais desonesto do mundo ao mais honesto. Lá, a lei e a ordem são defendidas com mão de ferro, mas as regulamentações não são tão pesadas quando se trata de negócios. Os países escandinavos viveram séculos de honestidade, com regras rígidas e altos gastos do governo. Ao que parece, o povo aceita um governo gastador, desde que haja transparência e honestidade. Por outro lado, os países escandinavos, em geral, crescem muito devagar. A Índia e a maior parte dos países africanos carregam uma longa história de corrupção e fraudes no governo. As pessoas não se sentem incentivadas a criarem algo extraordinário devido ao hábito do governo de tomar tudo que lhe pareça valioso ou atraente. Modi se diz decidido a erradicar a corrupção; então, pode ser que a Índia passe por mudanças.

A China fez uma reviravolta. Sob a liderança de Mao e de muitos líderes que vieram antes dele, estava tomada pela corrupção. O povo não confiava no governo e o país era um dos mais pobres do mundo. Então, veio Deng Xiaoping, dizendo coisas do tipo: "As pessoas podem ter negócios próprios"; e "Alguns de nós enriquecerão primeiro". Para favorecer a liberdade e manter a corrupção sob controle, ele permitiu que as empresas chinesas atuassem fora da China, de modo que se sentissem confiantes para criar valor dentro do país sem o fantasma da desonestidade de membros do governo. E o país "bombou". Deng Xiaoping favoreceu o surgimento de 1 bilhão de empresários! O milagre chinês foi resultado de fronteiras abertas, liberdade de ação para os empresários e livre fluxo de dinheiro e de ideias; e continuará assim, com governos francos e honestos. Atualmente, porém, a nova administração chinesa parece retroceder em direção aos fracassados sistemas do passado, com moedas estritamente regulamentadas, fronteiras fechadas e empresas controladas com rigidez. Acredito que, nos próximos quarenta anos, as perspectivas para o povo da China não sejam tão animadoras, a não ser que o presidente e sua equipe administrativa mudem de perspectiva.

Na verdade, nos últimos cinquenta anos – ou mais –, os Estados Unidos dominaram a economia mundial. Foi adotado um sistema de governo transparente de verdade (do povo, pelo povo, para o povo), que impediu as regulamentações de limitarem a criatividade e o progresso das empresas. No entanto, até pouco tempo atrás, os gastos governamentais estavam sob controle, e o povo confiava plenamente no governo. Por infelicidade, começou a faltar confiança, e os gastos do governo fugiram ao controle. Agora parece haver, nos Estados Unidos, um sentimento de "nós contra eles": de um lado, cidadãos exigem que o governo faça mais, cobre mais e aplique regulamentações mais duras; do outro, pedem total liberdade para comandar suas empresas como quiserem, inovar em que acharem melhor, construir onde lhes agradar, sem depender de um governo que, com base em tempos recentes, parece-lhes corrupto.

A economia descentralizada força os governos a realizarem um autoexame – a encarar a nova cidadania: indivíduos bem informados, que esperam serviços correspondentes a seus custos, total transparência, direito de escolha (um serviço ou outro) e completa honestidade por parte do governo. Essa franca concorrência por cidadãos cai como um verdadeiro choque sobre ditadores corruptos e governos radicais que impedem o progresso do povo. As pessoas emigram!

A Binance, por exemplo, negociava *bitcoins* na China e chegou a valer mais de 10 bilhões de dólares. Quando a China considerou ilegal o *bitcoin*, ela mudou sua sede Cingapura; quando o governo de Cingapura começou a pesar a mão nas regulamentações, a Binance se mudou novamente, desta vez para Malta. Enquanto o governo chinês tornou o *bitcoin* ilegal, o governo japonês fez dele sua moeda nacional. Com base nisso, é possível enxergar que o governo do Japão compreende estar participando de uma competição por capital, cidadãos e melhores empreendedores, nesse mundo de menor atrito, transparência e descentralização. Na década seguinte, os governos que adotarem regulações excessivas e complicarem os processos estarão agindo de forma arriscada.

Tanto o sucesso quanto o fracasso dos governos multiplicam seus resultados. Se um governo alcança uma taxa de crescimento de 10% ao ano, a economia dobra em sete anos (na verdade, um pouco mais depressa, por causa dos investimentos estrangeiros que atrai e da infraestrutura que faz surgir); no entanto, se o governo cresce a 1% ao ano, a economia precisa de setenta anos para dobrar (de fato, demora ainda mais, por causa das empresas que deixam o país e da inovação, que fica prejudicada).

Como exercício, imagine que você tem um navio a vinte quilômetros da costa e decidiu criar um país descentralizado. Como o país é criação sua, você pode escolher entre duas opções: oferecer assistência médica gratuita, um programa de seguridade social honesto, registro em *blockchain* de todos os gastos, títulos e transações imobiliárias e pagamentos, caso seja necessário; ou sobretaxar a população, criar leis para tudo, negar informações sobre registros, aplicar a lei com mão firme, aumentar a burocracia e obrigar as pessoas a viverem sob o domínio do medo, convencendo-as de que não podem sobreviver sem você.

Em que modelo você se encaixa? O país que você criou seria atraente para novos cidadãos?

Considerar primordiais a marca, o sistema e a reputação

MINHA MARCA

Logotipo. O logo deve ter significado. O primeiro logo da Draper Associates, projetado por minha prima Phyllis Merikallio, era um globo azul à frente de um triângulo preto. Gostei por diversas razões. O triângulo representava "mudança", e o globo, "o mundo". Assim, as duas imagens combinadas diziam: "Mude o mundo". O logotipo da Apple – uma maçã com as cores do arco-íris –, além de atraente, passava a mensagem de que os produtos eram para todos. O logotipo da Nike era um simples risco preto com a mensagem de movimento, transmitindo a ideia de que os calçados da marca deixam o usuário mais ativo, talvez um atleta melhor e um corredor mais rápido.

Mas a marca vai muito além de um simples logotipo. Ela permeia a organização. Meu amigo, o falecido Don Hitchens, foi talvez o melhor consultor de marca que conheci. Foi ele quem disse:

– Tim, a marca é tudo. Sua marca é o que você usa, com quem trabalha, como trata e incentiva os funcionários, como se relaciona com os fornecedores e, claro, o tratamento que dispensa aos clientes.

Levei o conselho a sério e posso dizer que Don mudou minha vida. Até decidi usar sempre os mesmos ternos escuros com gravatas coloridas que traziam a mensagem "Save the Children" (até recentemente, quando a instituição deixou de vender gravatas). Procuro ser bom exemplo em tudo o que faço e, constantemente, analiso meu relacionamento com aqueles a quem vendo, financio ou ensino, com quem trabalho ou de quem levanto dinheiro.

Steve Jobs sempre vestia calças jeans e camisa preta de gola alta. Ele dizia:

– O fato de não usar gravata faz de mim, de certo modo, um contracultura (na IBM, na época, as pessoas usavam camisa branca e gravata). Quero estar confortável e proporcionar a meus clientes uma vida mais fácil e confortável. Por isso meus produtos são mais fáceis de usar.

A marca se estende ao cliente, e o velho ditado "o cliente sempre tem razão" serve como lema a ser seguido. Os três maiores empreendedores que apoiei (até agora) foram muito além: Niklas Zennstrom, fundador do Skype (em cooperação com o sócio Janus Fries); Robin Li, fundador da Baidu, um mecanismo de busca chinês; e Elon Musk, fundador da PayPal, da Tesla e da SpaceX. Todos empregavam a mesma palavra – prazer – em relação aos clientes. Diziam que queriam proporcionar prazer aos clientes. Foi essa mentalidade que ajudou a desenvolver o Skype, a Baidu, a Tesla e a SpaceX e, provavelmente, será adotada por você, ao se tornar um Startup Hero.

Conversei recentemente com meu amigo Marc Benioff, fundador, presidente e diretor executivo da Salesforce, que me contou ter ouvido de isto Mark Zuckerberg, do Facebook:

– Você não tem muita orientação tecnológica, tem?

– Somos orientados pelo cliente – Marc respondeu.

O cliente sempre tem razão. Quando ele se sente agradado, a marca se expande de maneira positiva, a empresa cresce, e o empresário ajuda o mundo a avançar.

MINHA REDE

Teça sua rede. Para cima e para baixo da cadeia alimentar. Nunca se sabe quando seu maior investidor vai precisar de um encanador, ou quando seu porteiro vai precisar de um dentista. Procure conhecer as pessoas. Conecte-se com o que elas fazem. Ajude-as em suas dificuldades. Use sua rede de conhecimento para fazer felizes aqueles que o cercam.

Para estabelecer uma ligação, é preciso conhecer. Em muitos casos, pode ser uma ação tão simples como se voltar para a pessoa a seu lado no avião, a outro convidado em uma festa ou ao companheiro de fila no departamento de trânsito.

– Olá, como vai seu trabalho?

Em outros casos, é preciso escolher quem deve conhecer e procurar um assessor para marcar entrevista, ou estar nos lugares onde tais pessoas estarão.

Procure se informar. Descubra como a pessoa prefere ser abordada – se é por telefone, e-mail, mensagem de texto etc. – e aja de acordo. Depois do primeiro contato, envie uma nota de agradecimento, ou uma foto do encontro, para reforçar ligação. Isso reforça sua reputação como alguém que dá seguimento às relações. Subliminarmente, você transmite a imagem de quem trabalha duro. Inclua na mensagem a menção a algum assunto tratado no encontro.

Então, se couber, depois de estabelecida uma verdadeira conexão, procure fazer algum negócio com o novo conhecido, por mais simples que seja. O ideal é que haja dinheiro envolvido e algum serviço, em uma direção, em outra ou em ambas. Esse exercício obriga a uma mentalidade criativa, em que duas pessoas se unem por um projeto cuja meta favorece o progresso.

Um negócio e seu respectivo contrato, seja um documento legal ou um aperto de mãos, cria uma ligação sólida – sinal de confiança – que pode levar a todo tipo de benefício para sua vida profissional. Na chegada ao aeroporto, um acordo para compartilhar o táxi me levou a conhecer um empreendedor cujo trabalho depois financiei. Anotei os dados para um financiamento em um guardanapo de papel, e os empresários espalharam para colegas a notícia de que eu resolvia tudo com rapidez. E os funcionários que contratei com um aperto de mão desenvolveram lealdade e confiança no longo prazo, trazendo para a empresa suas redes de relacionamentos.

A revista *AlwaysOn* me concedeu o título de capitalista de risco mais bem relacionado. Ao que parece, eles rodaram um programa de computador para buscar todas as conexões de todos os capitalistas de risco, e meu nome foi o que apareceu com mais frequência. Vou usar minha rede para descrever como se desenvolve uma rede, mas isso não significa que seja necessariamente o melhor método. Cada um deve descobrir estratégias e estilos próprios.

No negócio de capital de risco, ramo em que atuo, uma rede de contatos é fundamental. Precisamos espalhar ao máximo a notícia de que estamos no ramo, de modo que os empreendedores saibam onde nos encontrar. Precisamos conectar nossas *startups* a outros investidores, clientes, provedores de serviços, fornecedores, funcionários e potenciais sócios de *joint ventures*. Precisamos conhecer pessoal de imprensa, para ajudar nossos empreendedores a divulgar em novos produtos ou serviços lançados. Precisamos conhecer educadores, de modo que eles nos enviem seus mais promissores alunos para trabalhar nas empresas em nosso portfólio. E precisamos conhecer influenciadores que promovam o avanço, as pequenas empresas e o empreendedorismo, para que possamos estimulá-los a apoiar empresas de nosso portfólio.

A HISTÓRIA DA DRAPER VENTURE NETWORK

Quando inauguramos a Draper Venture Network (DVN), eu era novo no ramo, e não faltaram conselhos de veteranos. A sabedoria convencional sugeria que: 1) Capital de risco é negócio local. A maior parte das empresas do setor não se aventura além de quarenta quilômetros da sede para fazer um investimento; e 2) Capital de risco não se multiplica.

Acontece que a maioria das empresas de capital de risco cresce ao investir quantias maiores, e muitas delas chegam a *private equities* ou adquirem outras empresas.

Então, sempre que alguém dizia "é assim mesmo", eu começava a procurar argumentos contrários. Tomei essa convenção como um desafio e decidi investir em empresas além da vizinhança mais próxima. Queria ver se conseguia fazer o negócio do capital de risco avançar geograficamente. Costumo acreditar que, se alguém diz que "será sempre assim", é hora de tentar mudar. Minha oportunidade de abalar o *status quo* começou com uma viagem ao Alasca que poderia parecer desperdício de tempo e recursos.

Depois de três anos no ramo do capital de risco, eu lutava para sustentar meu fundo e tinha como principal preocupação o dinheiro que peguei emprestado da SBIC. Foi então que recebi uma carta do governo do Alasca com um convite para visitar o estado, onde discutiríamos o capital de risco e a possibilidade de abrir um fundo desse tipo lá. O preço do petróleo tinha caído para 6 dólares, e o setor imobiliário também seguia em queda livre. Assim, a intenção do governo era encontrar um novo pilar da economia que fosse capaz de sustentar os principais setores da indústria. Muitos capitalistas de risco certamente receberam a mesma carta, mas nenhum outro respondeu. Afinal, o Alasca ficava a mais de quarenta quilômetros. No entanto, eu tinha outros planos.

Em um voo da Alaska Air, aterrissei em Ketchikan (pista curtíssima e gelada – o nariz do avião já estava sobre a água quando finalmente paramos), a caminho de Juneau (uma asa do avião quase tocou as árvores, na descida). Aqueles pilotos do Alasca são extraordinários.

Assim que cheguei a Juneau, me encontrei com um pequeno grupo da AIDEA, a Agência para o Desenvolvimento do Alasca, e discutimos como o setor de capital de risco poderia ajudar o país a diversificar a economia. Os participantes, então, pediram que, durante o almoço, rios a quem não dispunha deles, se não tivesse dedicado tanto tempo a avaliar e trabalhar com *startups* de outros países.

A rede DVN engloba cerca de mil empresas, o que nos proporciona descontos em viagens, seguros e afins. A própria rede se torna um grande mercado. As empresas podem vender entre si ou se unirem para atender a um grande cliente com múltiplas necessidades. A extensão da rede nos permite atrair grandes empresas para um evento a que demos o nome de DVN CEO Summit. Nesse encontro de cúpula, equipes desenvolvedoras que fazem parte da lista Fortune 500 se conectam com nossas *startups*, para encontrar aquelas com que podem fazer parcerias, *joint ventures* ou das quais podem se tornar clientes. Alguns dos participantes se interessam, até mesmo, em realizar aquisições.

A HISTÓRIA DO CHAPÉU DE BEYOND NEWS

Além da rede formal criada pela DVN, temos uma rede de empreendedores cujas empresas financiamos. Uma delas é a Beyond News, de Scott Walchek, um homem de boa aparência e muito seguro de si – quase arrogante. Ele nos propôs um negócio difícil, mas gostamos dele e do plano de negócios. Uma das razões de nossa decisão de investir foi o acordo que a empresa dele mantinha com a Lexis Nexis, uma empresa de tecnologia voltada para o mundo jurídico. No entanto, duas semanas depois de nosso investimento, a Lexis Nexis se dissolveu. Ficamos desconfiados. Eles não poderiam ter avisado antes de receber o cheque?

– Aconteceu. Estamos tão surpresos quanto vocês. Contamos imediatamente. Para dizer a verdade, foi uma bênção. Temos outro plano para a empresa, com um modelo melhor.

John acreditou, e Scott ficou satisfeito. Somente eu tinha algumas reservas. Em vez de "Beyond News", passei a chamar a empresa de "Beyond Belief" ("além da crença", em tradução literal), pois não estava 100% convencido do acerto do investimento. Cheguei a dizer a Scott que comeria meu chapéu, caso recuperássemos o dinheiro. Scott deu de ombros e, inabalável, apresentou o novo plano para a empresa, por meio do qual faria comparação de preços on-line. Seu entusiasmo era contagiante.

Scott e a equipe tinham disposição, e o negócio começou a dar certo. Um dia, ele relatou a John Fisher, nosso representante no conselho da Beyond News, os resultados de um telefonema que recebeu de um potencial parceiro.

– Fomos conversar com David Peterschmidt, da Inktomi, e ele disse que queria comprar a empresa. Quando perguntei quanto pretendia pagar, ele começou a escrever no quadro de giz. Primeiro, "1". Quase fomos embora. Valemos muito mais do que 1 milhão de dólares! Então, ele acrescentou "3". Uau! São 13 milhões! Mas ficamos calados, e ele escreveu "0". Quando continuou, escrevendo a palavra "milhões", sorrimos e trocamos apertos de mão para selar o negócio.

A "Beyond News" foi vendida por 130 milhões em ações da Inktomi! O boné do San Francisco Giants, que levei para o jantar, tinha gosto de tinta e papelão.

O valor das ações da Inktomi aumentou cerca de dez vezes. Scott ganhou tanto dinheiro que se tornou um *"venture angel"* – um investidor anjo. Como estivemos a seu lado nas horas difíceis, ele nos deu uma ótima indicação.

Eu conversava com John, dizendo que precisávamos financiar um mecanismo de busca para a China, quando ele disse:

– Que coincidência! Scott acabou de me sugerir uma *startup* chamada Baidu, que faz exatamente isso, e ele já é um investidor semente.

A Baidu alcançou um valor superior a 60 bilhões de dólares, tornando-se um de nossos maiores investimentos, mas não teria sido assim sem a rede.

Desenvolva e apoie sua rede!

Pense na constituição atual de sua rede. Como poderia expandi-la? Como sua rede pode ser útil no futuro?

MINHA REPUTAÇÃO

Uma reputação leva tempo para ser construída – quarenta anos ou mais, dizem –, mas pode ser arruinada de um dia para o outro. Um infame vestido azul abafou todas as coisas boas que Bill Clinton fez pelos Estados Unidos e pela economia global enquanto estava no cargo. Watergate pesa sobre o legado de Richard Nixon, apesar de alguns extraordinários feitos dele, inclusive a abertura das relações com a China. A Enron e a WorldCop eram ótimas empresas, até que exageraram e confundiram a contabilidade.

Na crise, o melhor meio de impedir a ruína da reputação é parar, pensar no que os acontecimentos significam e agir de acordo com eles. Não exagere! Às vezes, as pessoas recorrem a artifícios e mentiras, ou pioram o problema ao tentar esconder o que está acontecendo. Não tenho certeza, mas desconfio de que notórios fraudadores, tais como Ponzi, Madoff e Sanford, iniciaram seus negócios com boas intenções. Ao tentar manter os bons resultados, porém, fizeram escolhas equivocadas e acabaram por arruinar carreiras que poderiam ter sido magníficas.

Para administrar uma crise, nada melhor do que revelar os fatos. Quando Gavin Newsom era prefeito de São Francisco, espalhou-se a notícia de que ele tinha um caso. Quase de imediato, ele convocou a imprensa e disse:

– Tudo o que ouviram a meu respeito... é verdade.

A honestidade cortou a história pela raiz e encerrou a onda de comentários. Gavin veio a ser vice-governador e, no momento em que escrevo este livro, está à frente nas pesquisas para governador da Califórnia.

O Tylenol ocupava o posto de medicamento vendido sem receita mais bem-sucedido de todos os tempos, quando um indivíduo perverso envenenou alguns frascos com cianeto. Como resultado, sete usuários morreram. A Johnson & Johnson era a empresa-mãe do Tylenol, e James Burke, o presidente, precisava proteger as pessoas e salvar o produto. A empresa imediatamente avisou aos compradores que não usassem o medicamento, que foi recolhido das prateleiras. Depois de correções na segurança da embalagem, foi retomada a comercialização. Os usuários apreciaram tanto a atitude da Johnson & Johnson que a confiança na marca aumentou, e as vendas explodiram depois do susto. Sem tentativas de esconder a verdade, a empresa pôde ser vista como vítima de adulteração, e não como responsável pela morte de sete ou mais pessoas.

Não tente encobrir os fatos. Contar a história toda e revelar a verdade vai salvar sua reputação. E a reputação é fundamental.

QUESTIONÁRIO SOBRE MARCA

1. A marca faz o produto ou o produto faz a marca? Charles Schwab criou a marca e, depois, os produtos em torno dela. O Hotmail e o Skype construíram o produto e fizeram com que se espalhasse de pessoa para pessoa com pouquíssimo atrito.
2. Pense nas marcas em que confia. Por que confia nelas?
3. Projete sua marca com um foco. Quem é você? Em que acredita? Envie mensagens à sua rede e, conforme forem as respostas, aja para construir a marca.

O ENIGMA DAS CONEXÕES NEURONAIS

1. Quantas conexões são feitas em uma rede de 1? E em uma rede de 21?
2. Há dois volumes de uma antiga enciclopédia na prateleira da biblioteca de uma universidade. O primeiro traz a etiqueta A-M, e o segundo, N-W. Está faltando o volume X-Z?
3. Qual é a melhor contagem de pontos possível no primeiro movimento do jogo *Scrabble*, de palavras cruzadas?

Oferecer exemplos positivos

Liderança é uma habilidade e exige dedicação.
Grandes líderes são justos e honrados. Grandes líderes deixam a equipe brilhar. Grandes líderes lideram pelo exemplo. Grandes líderes sabem quando estar junto e quando permitir que seu pessoal conduza a tarefa.

Ao abrir uma empresa, o empreendedor raramente imagina que, em dez anos, pode estar empregando milhares de pessoas. E é menor ainda o número dos capacitados a entender que os funcionários "copiarão seu jeito" – seus memes. "Meme" é como um gene; a diferença é que genes vêm com a pessoa, e memes são aprendidos. Atualmente, emprega-se o termo para descrever um vídeo curto ou um GIF que se espalham rapidamente. Temos visto comportamentos muito positivos se espalharem nas melhores empresas.

Existem muitas formas de liderar uma organização. Vivek Ranadive, fundador e ex-diretor executivo da Tibco, liderava por meio de mensagens de melhoria contínua de atendimento ao cliente. É dele esta declaração: "Trabalhamos para melhorar sempre. Melhoramos tudo. Melhoramos a nós mesmos. Melhoramos nossos produtos. Melhoramos nossos serviços. Os clientes parecem muito satisfeitos."

Elon Musk, da SpaceX, lançou um desafio interessante: "Vamos para Marte!" Ele certamente não se importou com a possibilidade de ser considerado louco por alguns, uma vez que, ao mesmo tempo, atraiu para a empresa os mais brilhantes engenheiros, dispostos a trabalhar em algo excitante e ambicioso.

Marc Benioff, da Salesforce, transmite a seus 25 mil funcionários uma meta e uma orientação muito claras e, então, monitora os progressos regularmente. Ele não lhes diz como trabalhar, pois confia na capacidade deles para descobrir. Leia este trecho de seu livro *Behind the Cloud*:

"V2MOM é um acrônimo que corresponde a visão, valores, métodos, obstáculos e medidas. Essa ferramenta me ajudou a alcançar meus objetivos na empresa em que estava anteriormente e me ajuda a levar a *salesforce.com* ao sucesso. V2MOM me permitiu esclarecer o que eu estava fazendo e comunicar isso a meu pessoal. A visão contribui para definir o que desejamos. Os valores estabelecem o que há de mais importante na visão e determinam os princípios e as crenças que a orientam (prioritariamente). Os métodos delineiam ações e etapas necessárias, ilustrando como as tarefas serão cumpridas. Os obstáculos identificam desafios, problemas e dificuldades a serem superados até a concretização da visão. As medidas especificam os resultados, frequentemente sob a forma de números. Combinados, os cinco elementos fornecem um mapa detalhado de nossos objetivos, bem como uma orientação quanto ao caminho a seguir. Em resumo, V2MOM representa um exercício de consciência em que o resultado é um total alinhamento. Além de tudo isso, uma orientação clara e uma energia coletiva voltada para o resultado pretendido elimina a ansiedade, muito presente em tempos de mudança."

Em todos os três casos, o líder aponta a direção. Os funcionários sabem o que fazem e por que trabalham. Os melhores líderes cuidam para que seu pessoal tenha consciência de contribuir para o sucesso da empresa.

Não existe um modelo único de líder Startup Hero. Todos os modelos e todas as formas são possíveis, e as abordagens variam muito, mas, em todo caso de sucesso, o líder transmite uma orientação clara, de modo que as pessoas encontrem propósito em seu trabalho.

Você vai precisar decidir o tipo de líder que deseja ser. Como quer que dezenas de milhares de pessoas sejam? Como vai gerir essas pessoas? O que elas devem defender? Como devem se portar perante a sociedade?

Eu me lembro da lavagem cerebral pela qual passei enquanto trabalhava na Hewlett Packard (HP). O "jeito HP" que nos era ensinado dizia como eles esperavam que nos comportássemos. A missão, bastante clara, era cuidar de todos os envolvidos: acionistas, clientes, fornecedores, funcionários e nossa comunidade. Todos obedecíamos a um código de vestuário, que incluía calça social e camisa abotoada, e adotávamos acrônimos de três letras para encurtar a conversação. Eu costumava observar o chefe; queria aprender como agir, para progredir naquela cultura de cuidado, provando que a lavagem cerebral fizera efeito sobre mim.

Reparei que amigos meus, funcionários da Sun Microsystems, assumiram não apenas as ideias agressivas, mas também os maneirismos e o jeito de falar do líder, Scott McNealy. O termo "impressionante" era a marca registrada de Scott, e ele dizia com frequência que "o computador em rede é inevitável". Os funcionários passaram a repetir os mesmos mantras e, até mesmo, adotaram seu estilo de roupas, passando a usar camisetas e calças jeans como ele. Scott incentivou um ambiente informal, e seu pessoal sabia que o importante era cumprir as tarefas sem esperar pelo protocolo.

O hábito de Steve Jobs de chamar os funcionários de "evangelistas" contribuiu para que compartilhassem seu fervor religioso pela Apple. Muitos vestiam calça jeans e camisa preta de gola alta para copiar o grande homem.

Como Bill Gates se orgulhava de seu alto QI, todos na Microsoft queriam parecer inteligentes. Alguns chegavam a usar óculos parecidos com os de Bill, mesmo não tendo problemas de visão.

A posição de grande líder o obriga a pensar na vida, por provocar atitudes de imitação. Para o empreendedor que coloca a missão acima de tudo – danem-se os torpedos, toda força à frente –, essa análise pode ser difícil, mas os líderes precisam entender a mensagem que transmitem. Se o líder fuma, os funcionários fumarão. Se o líder bebe demais ou usa drogas, os funcionários farão o mesmo. Se o líder deixa atrás de si um rastro de sujeira, logo as instalações da empresa estarão insalubres. Se o líder exagera na comida, os problemas de saúde podem ser mais frequentes dentro da empresa. Um líder irritadiço parece atrair desavenças para dentro da empresa.

Quando o Startup Hero age com benevolência, os funcionários fazem o mesmo, e a empresa passa a ser reconhecida como um bom lugar para se trabalhar. O entusiasmo acerca da missão gera uma força otimista que eleva a empresa a novos patamares. Se você alimenta bons hábitos, os funcionários deixam os maus hábitos do lado de fora. Se você age com honestidade, a empresa funciona em um ambiente de confiança, o que ajuda a aumentar a produtividade. Se você ama o que faz e demonstra isso, sua família será de indivíduos que se ajudam, em favor de uma vida mais feliz e bem-sucedida. E não se esqueça de se divertir no trabalho e comemorar os pequenos sucessos. As pessoas precisam de algumas folgas daquilo que fazem todos os dias.

Lidere pelo exemplo e exponha seus valores e suas crenças para todos verem. É importante, para o Startup Hero, saber o que pretende. Às vezes, a missão pode perder a clareza ou mudar. Nesse caso, deixe a missão bem clara para sua equipe e cuide para que todos trabalhem na mesma direção. Ter em mente as razões pelas quais estão ali é muito bom para manter o moral elevado, os funcionários motivados e focados.

Dê exemplos positivos.

QUESTIONÁRIO SOBRE EXEMPLOS POSITIVOS

1. Você já fez alguma coisa que não faria se uma criança estivesse a seu lado?
2. Já fez alguma coisa que não teria feito se houvesse um jornalista por perto?
3. Já liderou algum tipo de equipe?
4. Já se surpreendeu ao descobrir que alguém imita algo que você faz?
5. Ajude uma pessoa idosa a atravessar a rua; ajude uma pessoa baixinha a pegar seus pertences em um compartimento alto; ou analise se

pode ajudar alguém em uma tarefa difícil. Ou, ainda, abaixe-se, pegue um lixo do chão e deposite-o no local adequado.

PENSE SOBRE EXEMPLOS POSITIVOS

Se você tem 15 ímãs ligados da esquerda para a direita, e o primeiro ímã é positivo no lado direito, qual é a polaridade no lado direito do sexto ímã a partir da esquerda?

Inspirar bons hábitos. Cuidar de mim

Cuide de si. Você precisa estar saudável e feliz para ser efetivamente um Startup Hero. A saúde está ligada à vida, e vice-versa. O dr. Dean Ornish, que frequentemente faz palestras na Draper University, autor do livro *Reversing Heart Disease*, publicado no Brasil sob o título *Salvando o seu Coração*, diz que, quando mudamos os hábitos, o corpo também muda. Mudanças no estilo de vida se refletem no coração, no cérebro, no comportamento. Segundo ele, boa alimentação, exercícios regulares e bons amigos são capazes de operar mudanças físicas e fazer de um mau coração um bom coração, tanto no sentido figurativo quanto literal.

A HISTÓRIA DA DIETA DOS 30 DIAS

Minha mulher comentou que eu estava acima do peso, embora me exercitasse por cerca de uma hora quase todos os dias. Verdadeiro chocólatra, à noite eu comia tudo o que estava a meu alcance. Guardava frutas secas na gaveta da mesa de trabalho e devorava uma caneca cheia de sorvete em frente à televisão. No entanto, minhas irmãs e ela eram as únicas a apontar meu ganho de peso. Os outros eram delicados demais ou tinham receio de fazer comentários negativos. Somente Cree Edwards, meu melhor amigo, com um misto de crueldade e delicadeza, disse que eu estava gordo.

Os joelhos, as costas e os quadris me causavam dores frequentes, e eu sofria de fascite plantar crônica havia mais de seis anos, mas atribuía tudo isso ao peso da idade. Até conseguia perder um ou dois quilos, desde que praticamente passasse fome; no entanto, como em uma espécie de vingança, o antigo peso voltava – às vezes acima do peso anterior. O habitual otimismo me fazia comentar diante do espelho:

– Sou alto, e o peso se distribui.

Na verdade, o sobrepeso afetava meu humor e meus negócios. Apesar de muito conhecido no mundo do capital de risco, sentia dificuldade em levantar meu primeiro fundo independente. Tinha a impressão de que as pessoas me achavam preguiçoso ou capaz de devorar os lucros. Afinal, descobri que estava comendo errado.

A solução veio de minha mulher, que me olhou com ar crítico e disse:

– **NÓS** devemos tentar isso.

Tratava-se de um programa chamado "The Whole 30", segundo o qual durante trinta dias eu poderia comer quanto quisesse, desde que não incluísse nas refeições açúcar, pão, laticínios ou grãos. Carne, frutas, batatas, nozes, castanhas e vegetais estavam liberados. Embora estivesse ótima e não precisasse perder peso, minha mulher me acompanhou. Deu certo. Ela me manteve "na linha", e sua colaboração tornou o processo mais agradável.

Descobrimos que há açúcar em quase tudo – bacon, enlatados, cereais e, é claro, sorvete e chocolate. O mesmo acontece com a farinha, presente em bolos de carne, sanduíches, pizzas, panquecas, tortas e até na "carne" de algumas lanchonetes de *fast food*. Os laticínios incluem leite, manteiga, sorvete, iogurte, queijo, pizza e encontram-se em molhos de saladas (que também contêm açúcar). Arroz, trigo e milho são grãos difíceis de evitar em nossa cultura atual.

Depois do choque inicial, causado pela privação dos alimentos a que estava acostumado, adotei um novo estilo de vida. Em vez de encarar a dieta como sacrifício, decidi assumir que participava de uma "aventura gastronômica". Eu precisava criar uma nova *startup* (os novos hábitos alimentares), para transformar um setor dominado pelo monopólio da gordura (o metabolismo). Assim como fazem os Startup Heroes, minha mulher e eu formamos a equipe fundadora e entramos de cabeça nessa empreitada.

Gostamos do novo desafio. Embora a maior parte da preparação dos alimentos ficasse por conta de minha mulher, ambos tomamos consciência do que vai para as panelas. A mistura de alho e sal, por exemplo, contém açúcar. O terceiro dia foi terrível: ao perceber que não recebia tudo a que estava acostumado, meu corpo surtou. Tive diarreia e urinei como nunca. O típico processo de iniciação consistia em tremendas mudanças de vida, foco, visão e esperança de uma vida melhor no fim de um túnel escuro. Por incrível que pareça, no entanto, eu não sentia fome. Uma dieta na qual se come à vontade não dá a ideia de sacrifício. Talvez por não ser realmente uma dieta, mas um estilo de vida.

Naqueles trinta dias eliminei quase 5 quilos e, no momento em que escrevo este livro, decorrido um ano da mudança do estilo de vida, emagreci mais de 18 quilos. Parece mágica. As dores nos quadris, nos joelhos e nas costas quase desapareceram. Tenho mais energia. Penso com mais clareza, trabalho com mais eficiência. Minha mulher também perdeu peso e continua maravilhosa. Precisei comprar algumas roupas, porque as calças estavam caindo. Agora posso usar o que vestia quando mais jovem. Até no basquete precisei me reinventar. Mais gordo, eu jogava na defesa e ficava no garrafão. Sem o peso extra, não sou tão eficiente e estou aprendendo a arremessar. O preconceito inconsciente da sociedade contra os gordinhos já não se mostra tão intenso, e as coisas já correm como eu queria.

No caso do tabagismo, a questão é semelhante. Fumantes irritam os não fumantes. Ideias subconscientes impedem os não fumantes de fazerem negócios com fumantes. Escute meus conselhos com cautela, pois nunca fumei, mas adotei um método que levou quatro estudantes da Draper University a abandonar o vício. Acredito que, para quem gosta, fumar seja uma experiência agradável, e, exceto pela alta probabilidade de contrair câncer, os fumantes não parecem ver problema algum nesse hábito.

Para contrariar essa ideia equivocada, criei um breve exercício na universidade. Se alguém fuma, criamos atrito, para que a atividade não seja tão agradável. Pedimos que o fumante pegue dez pontas de cigarro do chão, coloque-as no lixo e, em seguida, troque de roupa e escove os dentes.

A estratégia traz alguns resultados. Em primeiro lugar, o estudante pensa antes de acender um cigarro, por causa do trabalho que terá depois; recolher pontas de cigarro o faz tomar consciência do lixo que produz na vida. Em segundo lugar, a obrigação de trocar de roupa e escovar os dentes dirige o foco para os efeitos sobre as outras pessoas, de descuido com os resíduos do cigarro.

No entanto, para empregar esse método, você precisa entender como o cigarro é comercializado. O maço de cigarros tem o tamanho exato para caber em uma mão, assim como um baralho de cartas ou um iPhone – dois outros artigos viciantes. As embalagens são atraentes, como se guardassem um presente. Além disso, o formato do cigarro remete à chupeta, para aqueles que sentem necessidade de sugar. Não apenas o cigarro é viciante, como também todos os gestos que acompanham seu consumo. Dessa forma, as fábricas de cigarros dominaram a arte do marketing e encontraram um modo ideal de criar um hábito. O fumante funciona como fantoche, marionete – é a própria marca.

Se pretende ser Startup Hero, use alguma coisa no lugar do cigarro. Goma de mascar e balinhas são hábitos melhores, embora possam entrar em choque com a dieta dos 30 dias que mencionei anteriormente. Basta olhar em volta e você encontrará muitas opções sempre que sentir vontade de acender um cigarro. A manteiga de amendoim, por exemplo, vem em pequenas embalagens, fáceis de carregar. Se for o caso, procure produtos que caibam na palma da mão, que tenham a forma de palitinhos, que possam ser acendidos ou que sirvam para sugar; apenas não se submeta – nem coloque em risco os que estão por perto – a ter câncer de pulmão.

Mantenha-se saudável para fazer as mudanças com que sonha e ver os resultados. Li que 33% dos bilionários da *Forbes* são abstêmios, enquanto 2% da população adulta dos Estados Unidos não consome álcool – a maior parte por questões religiosas ou por frequentar os

Alcoólicos Anônimos (AA). A maioria dos altos executivos bem-sucedidos alimenta-se bem e segue uma rotina rígida de exercícios físicos. Entre eles, são raros os que estão acima do peso.

Adote bons hábitos. Cuide-se.

QUESTIONÁRIO SOBRE HÁBITOS

1. Quais são seus melhores hábitos?
2. Quais são seus piores hábitos?
3. Que modificações você pode fazer em seu estilo de vida para atingir seu objetivo?
4. Como se manter emocionalmente estável em tempos difíceis?
5. Em que época seus negócios o permitem tirar férias?
6. Você se cuida?
7. Durante trinta dias, faça exercícios pela manhã, antes do desjejum. Não coma nada que contenha açúcar, grãos ou leite.

O ENIGMA DO HÁBITO

Quantas vezes é preciso repetir uma atividade para que ela se torne um hábito?

Em uma casa, vivem três freiras que têm mais ou menos a mesma compleição física. Todo domingo, elas vestem o hábito, acendem as velas e vão à igreja. Duas das freiras não andam juntas, mas se dão bem com a terceira, que vamos chamar de Susie. Nenhuma delas anda sozinha, a não ser na volta para casa. Quando está descansada, Susie consegue andar 1,6 quilômetro a 6 quilômetros por hora. No segundo trecho, sua velocidade cai para 3 quilômetros por hora. Para se recuperar, ela precisa de quinze minutos e, então, pode caminhar o tempo que for necessário a 1,5 quilômetro por hora. As velas levam quatro horas, em média, para queimarem completamente, e isso não pode acontecer antes que as três freiras cheguem à igreja, que fica a 4,8 quilômetros de distância. Qual é a distância mínima que seus passos combinados percorrerão em um domingo? Elas conseguem manter as velas acesas até chegarem à igreja?

FRACASSAR DIVERSAS VEZES
ATÉ ALCANÇAR O SUCESSO

OTIMISMO

Embora os otimistas sejam, às vezes, chamados de ingênuos ou infantis, são eles que mudam o mundo. O otimista pode nem sempre estar certo, mas o pessimista nunca realiza coisa alguma. Ted Leonsis, fundador da Redgate, é um líder carismático que vendeu sua empresa à AOL e se tornou um dos presidentes do grupo. Mais tarde, comprou o Washington Wizards, time de basquete da NBA, e o Washington Capitals, time profissional de hóquei no gelo. Ted me disse certa vez:
– Algumas pessoas preferem estar certas. Eu prefiro ganhar.

Em *Duna*, seu romance épico de ficção científica, Frank Herbert afirma: "O medo destrói a mente." Pessimistas são medrosos. O medo já acabou com muitos negócios. Um exercício interessante é assistir ao noticiário local e contar quantas histórias estão ligadas ao medo. Por alguma razão, jornais e outros veículos de mídia apelam para o caminho do "medo", presente em nosso instinto de sobrevivência, provocando uma descarga negativa de endorfina que nos restringe. Qual é o resultado disso para a sociedade? Impede as pessoas de viverem plenamente. A empatia em relação às vítimas é tanta que os espectadores de TV, por exemplo, esquecem estar distante daquele perigo. Conheci uma mulher tão assustada com as notícias que sentia medo de sair de casa!

O medo com frequência se transfere para a vida profissional. Muitas pessoas, por medo de perderem o emprego ou de enfrentarem uma situação desconhecida, preferem nem tentar algo novo. No entanto, o progresso é alavancado pelo novo e pela mudança. É por meio disso que acontecem grandes transformações. É o que faz despertar a humanidade! Por ironia, é mais provável que o indivíduo garanta o emprego se assumir alguns riscos ao longo do caminho. Nada de medo! Siga adiante e experimente muito.

Eis um enigma:

Pergunta: O que há em comum entre a eletricidade, o velcro, a penicilina e o continente americano?

Resposta: Todos resultaram em enganos. As intenções eram outras: soltar pipa, tirar carrapichos da roupa, alimentar os órfãos famintos com pão mofado e viajar para as Índias Ocidentais.

Aquelas pessoas investigavam, experimentavam, viviam aventuras. Elas se divertiam ou trabalhavam e, por fim, contribuíram para algumas das mais importantes descobertas da história. No entanto, as grandes invenções não são exemplos únicos de sucessos que surgiram de erros; por uma razão ou outra, meus melhores investimentos tinham fracassado ou sido abandonados.

Os fundadores do Hotmail nos procuraram para oferecer uma tabela de pesquisa para informações pessoais e profissionais na internet. Eles já estavam de saída, quando Steve Jurvetson perguntou se não tinham outras ideias. Ou seja, a ideia mais arriscada, menos segura, era livre, de e-mails baseados na web. Os fundadores do Skype me ofereceram, inicialmente, uma tecnologia de pessoa para pessoa para gerar wi-fi compartilhado. Em seguida, porém, transformaram essa ideia em operações de longa distância com o Skype. O Google, a Baidu e o Yahoo não passavam de ferramentas de busca em crescimento, apesar de perderem dinheiro, até que entenderam o que a Go To estava fazendo com a busca remunerada. Ao copiarem o modelo da Go To, conseguiram desenvolver modelos de negócios lucrativos. A JustinTV era uma rede de criadores de canais de vídeos em tempo real quando a equipe descobriu que 40% dos negócios envolviam pessoas que assistiam a outras pessoas jogarem videogame, e isso levou a uma mudança no perfil da marca, que passou a focar apenas jogos eletrônicos, surgindo, então, a Twitch.TV.

Todos esses são exemplos de tentativas, mas a oportunidade toma formas variadas. Não basta tentar; é importante reconhecer uma descoberta que não corresponda à intenção original e seguir em outra direção – maior e melhor.

Portanto... Experimente muito. Não tenha medo. Nada há nada de errado em planejar e discutir possíveis resultados, mas é a experimentação que cria os fracassos capazes de levar a sucessos extraordinários. Ação é tudo. A ação separa aqueles que sonham dos que fazem acontecer. Aqueles que preferem esperar pelo alinhamento dos astros raramente fecham o negócio, realizam o sonho ou tornam possível o impossível. Só erra quem faz. Se você não convidar a potencial alma gêmea para o baile, ela – ou ele – não vai ao baile com você. A alma gêmea vai com quem a convidar. No mundo dos negócios, de maneira similar, aqueles que se apresentam, criam e tentam são os vencedores. E, se não vencem, aprendem como fazer melhor para, quem sabe, vencer na próxima vez.

Esteja disposto a errar. Durante a criação da DVN, tivemos uma longa discussão sobre uma estratégia para enviarmos e-mails a toda a rede sem sermos inundados por mensagens. Nossa preocupação era haver uma sobrecarga de conexões. No entanto, em vez de banir o "responder a todos" dos e-mails, decidimos agir, e nosso lema foi "basta clicar em enviar". Assim, ninguém extrapolou no uso da rede, e todos se beneficiaram da liberdade de agir quando necessário. "Basta clicar em enviar" se tornou um modo de pensar. Em vez de esperar que as estrelas se alinhassem, a DVN criou uma tendência de ação.

A HISTÓRIA DO YAHOO

Vou contar a história da única vez que deixei de agir. Meu pai me apresentou a Jerry Yang e David Filo, que deixavam o programa de PhD na Universidade de Stanford para abrir uma pequena empresa. O objetivo era organizar os endereços da World Wide Web, então um projeto recente da comunidade acadêmica em parceria com a DARPA (Agência de Projetos de Pesquisa Avançada de Defesa). Segui de bicicleta até Stanford, para me encontrar com Jerry e David no trailer que ocupavam, onde me mostraram a rapidez com que as pessoas usavam seu índex para buscar todo tipo de informação. Era impressionante. Eles brincaram, dizendo que poderiam chamar a empresa de "Yahoo!", em alusão a surfar nas ondas ou na internet. Quando os surfistas pegavam uma boa onda, gritavam "YAHOO!". Eu lhes disse para usarem o nome e, também, que pretendia investir neles. Os dois realmente queriam financiamento, mas estavam ainda mais interessados em achar alguém que os ajudasse a administrar a empresa. Fiquei tão entusiasmado com a ideia que enviei diversos candidatos. Um deles, ao me encontrar mais tarde, perguntou com ceticismo:

– O que você acha que vai acontecer com aquela empresa que eles chamam de Yahoo!?

Respondi que, se ele aceitasse o cargo de diretor executivo da Yahoo!, poderia ganhar 10 milhões de dólares. (Na verdade, ele ganharia dez vezes essa quantia.)

Enquanto eu procurava um diretor executivo para eles, Jerry e David tiveram tempo de fazer contato com outros capitalistas de risco. Eu sabia que assinar o cheque e passar para a etapa seguinte era a melhor estratégia, mas retardei a decisão por não saber quem seria o diretor executivo e qual seria a etapa seguinte. Por não sentir firmeza nos possíveis resultados do investimento naquela empresa, demorei para decidir e perdi o negócio.

Quando finalmente fiz a oferta – e devo reconhecer que não passava de uma ninharia em comparação às outras ofertas recebidas por Jerry e David– , eles sequer responderam. A Sequoia Capital assumiu o financiamento, com Tim Koogle como diretor executivo. Ainda tentei uma parceria no financiamento, mas cheguei tarde demais. Meu candidato e eu hesitamos em dar um salto com poucas informações e perdemos a oportunidade de participar do sucesso do Yahoo!.

A HISTÓRIA DA NAPSTER

Um exemplo de uma grande empresa destruída pelo medo é a Napster. Eu estava a par do caso porque um de nossos parceiros de rede, a Draper Atlantic, tinha feito o primeiro empréstimo convertível com a Napster.

Sean Parker e Shawn Fanning, os fundadores da Napster, criaram uma tecnologia de compartilhamento de arquivos sem atritos e sem custos, com muitos potenciais usos para a distribuição de produtos digitais. Diversas outras empresas usavam a tecnologia com outros fins, mas a Napster pensou em um produto fácil de usar e voltado apenas para arquivos de música: MP3. Essa tecnologia extraordinária tornou possível baixar músicas para o computador, deixando-as armazenadas lá. Amantes de música de todas as idades adoraram o novo serviço. Afinal, músicas eram compartilhadas em bailes, festas e concertos; aquela não passava de uma nova forma de compartilhamento, pago originariamente por alguém. Quando estava no auge do sucesso, a Napster teve mais de 80 milhões de contas.

A maior parte das músicas é protegida por direitos autorais, mas não estava muito clara a diferença entre reproduzir um CD na sala, entre amigos, e compartilhar um arquivo pela internet. A rapidez e a facilidade com que os arquivos MP3 eram compartilhados acabou por prejudicar a venda de CDs.

A indústria musical formava um oligopólio. As empresas Sony, Disney, Universal e BMI controlavam todo o espectro de músicas. Elas decidiam quem ficaria famoso e quem permaneceria no anonimato. Controlavam o marketing de músicas pelo rádio. Determinavam o que seria vendido nas lojas de discos. A música e o setor viviam sob tensão. Foi quando o serviço gratuito da Napster lançou a indústria musical em queda livre. Sentindo-se ameaçadas e inseguras, as gravadoras atacaram.

Além de acionar legalmente a Napster, o setor musical disparou processos em todas as direções, inclusive contra os jovens que compartilhavam as músicas. Rotularam o compartilhamento de "pirataria" e convocaram músicos famosos para informar o grande público sobre o "roubo dos serviços". Lobistas forçaram o governo a encerrar as atividades da Napster e a ameaçar de prisão o pessoal da administração.

A Napster respondeu com medo. A equipe temeu a repercussão de uma ação legal ou de uma condenação e contratou como diretor executivo um advogado experiente no assunto para administrar suas preocupações. É difícil avaliar se a estratégia foi acertada, mas é possível afirmar que não funcionou. Advogados, de modo geral, são treinados para prever o que pode dar errado em um negócio e, inadvertidamente, podem disseminar o medo, levando a atitudes cautelosas e nada ousadas. Na verdade, a ousadia pode gerar resultados muito diferentes. Um movimento ousado seria enfrentar as gravadoras de cabeça erguida, argumentando que elas exerciam um oligopólio por anos, e a Napster estava ali para finalmente democratizar o setor, permitindo que músicos de todos os lugares participassem e divulgassem seu trabalho sem as dificuldades criadas por elas. Seria possível dizer, também, que compartilhar músicas por meio de arquivos digitais não era diferente de ouvir na sala, ao lado dos amigos. Além disso, a Napster levava os artistas e sua música a locais nunca antes visitados. Mas o medo não permitiu.

Em vez de, corajosamente, desafiar o setor musical, sob o argumento de que não desobedecia à regulamentação do compartilhamento de músicas, uma vez que tal regulamentação não existia, ou de negociar com calma um contrato, a Napster entrou no "modo medo".

E o setor musical se aproveitou disso. Moveu uma ação contra a Napster, pedindo "gazilhões" de dólares, que seriam equivalentes ao preço de varejo de cada música compartilhada por um jovem em qualquer lugar do mundo. Um advogado das gravadoras chegou a mostrar a um executivo da Napster a foto de sua casa e dizer:

– Está vendo? Sua casa vai ser minha!

O pessoal da Napster ficou paralisado. O medo se espalhou, e eles desistiram de uma empresa que, provavelmente, valeria bilhões de dólares caso fizessem um acordo razoável com a indústria musical ou conduzissem os negócios com mais ousadia.

É verdade que o medo destrói a mente. No caso da Napster, destruiu também a empresa. O próprio setor musical foi afetado pelo medo do setor musical. Em vez de abraçar a nova e valiosa tecnologia e procurar um meio de cobrar os usuários, o setor entrou em pânico, deixando de lucrar com a tecnologia ao longo da década seguinte.

Quem conquistou o mercado foi Steve Jobs, que teve uma ideia salvadora: criou um aplicativo de compartilhamento de arquivos chamado iTunes, passou a vender cada música por 99 centavos de dólar e incluiu a indústria musical no sucesso do produto. Ainda assim, o negócio foi menos vantajoso para o setor do que poderia ter sido, caso se acertasse com a Napster.

Claro que os dois fundadores da Napster não deixaram de tentar novamente. Ambos alcançaram grande sucesso em seus esforços pós-fracasso: Sean Parker ajudou Mark Zuckerberg na fundação do Facebook, e Shawn Fanning abriu uma enxurrada de empresas em torno de derivações sobre o tema do compartilhamento de arquivos. Fracasse diversas vezes, até acertar.

Faça uma lista de seus fracassos. Orgulhe-se de seus fracassos. Continue errando. Continue vivendo, continue tentando.

Assim como recomendo tentar e errar, acredito que o Startup Hero tem que ser sensato e aprender com os próprios erros. Empreendedores não devem se agarrar desesperadamente a ideias de falência nem a ideais extintos. O bom empreendedor reconhece as falhas, realinha-se e age sem hesitação. Às vezes, é preciso desistir, aceitar a derrota, alterar o curso e seguir em frente. Sempre surgirão novas montanhas para escalar, e é preciso reconhecer quando uma ideia não vale o esforço. Um fracasso pode ter muitas causas: concorrência, equipe, dificuldade em comunicar a visão ou falta de dinheiro, por exemplo. Reveses acontecem. Cabe a você aprender a lição, seguir em frente e deixar acontecer.

Claro que um fracasso machuca, mas faz parte do livre mercado e da renovação da economia. A natureza de meus negócios e do próprio capital de risco me obrigam a aceitar o fracasso. Por minhas estimativas, fracassei umas 600 vezes até hoje. Estar aberto ao erro me permite correr riscos maiores ao investir, o que, em modo geral, me trouxe retornos muito melhores do que se não estivesse. Ainda assim, experimentei alguns fracassos terríveis, difíceis de superar e cujas lições foram difíceis de assimilar. Vou contar a história de um deles.

A HISTÓRIA DE DRAPER FISHER JURVETSON MEVC

Um desses fracassos foi quando investimos na Draper Fisher Jurvetson MeVC e ajudamos a desenvolver aquela que era uma empresa destinada a levar capital de risco ao investidor individual. Atualmente, apenas grandes instituições, investidores credenciados (milionários) ou aqueles conhecidos como "investidores sofisticados" conseguem investir em capital de risco. Esse é outro exemplo do "governo protegendo o contribuinte dele mesmo", o que acaba sendo prejudicial.

Tudo ia bem. A empresa desenvolveu a plataforma, e levantamos com facilidade 300 milhões de dólares por meio de uma corretora de pequenos investidores que queriam participar do retorno proporcionado pelo capital de risco. A proposta era simples: a DFJ tinha um histórico de resultados extraordinários, e tínhamos uma ampla rede global de fundos capazes de gerar um bom fluxo de negócios. Assim, o investimento ficaria ainda mais atraente se gerenciássemos o fundo. A ideia era investir nos fundos já existentes sob os mesmos termos obtidos com nossos investidores privados, e o público em geral finalmente poderia aplicar suas economias em capital de risco. Tudo isso foi muito bem conversado com advogados e representantes do governo.

Em um "dia histórico", lançamos as ações na Bolsa de Valores de Nova York. No entanto, logo que levantamos o dinheiro de acordo com os termos apresentados, a Comissão de Valores Mobiliários mudou de posição. Nossos advogados avisaram que os parceiros da DFJ não poderiam gerir o dinheiro, uma vez que estaríamos também investindo nosso dinheiro do fundo, o que poderia criar conflitos de interesses. Foi muito desagradável. Tínhamos oferecido o negócio a investidores públicos, e a regulamentação dizia que não poderíamos fazer aquilo. Claro que a comissão tem a palavra final. Não adiantava discutir.

Resolvemos contratar uma equipe de primeira linha para ocupar nosso lugar e entregamos a gestão a John Grillos, um empreendedor e investidor bem-sucedido. John se entusiasmou porque a equipe administraria o dinheiro e aproveitaria o fluxo de negócios de toda a DFJ Network, representando inúmeras oportunidades.

Foi quando os advogados nos transmitiram outra má notícia. A Comissão de Valores Mobiliários nos proibiu de investir em empresas da DFJ Network, porque também poderia haver conflitos na rede. O fundo ficou isolado de todos nós – fundadores e supostos fiduciários do fundo –, e não poderíamos usar empresas de portfólio e inteligência da DFJ Network. Assim, em vez de se tornar um fundo forte, administrado pela equipe que fizera a captação de recursos, aproveitando a enorme rede que havíamos desenvolvido, a DFJ MeVC passou a ser gerida por outro pessoal que estava de mãos e pés atados – impedido de investir em determinadas empresas e isolado dos fundadores. Lamento por todos os investidores públicos do fundo, mas fui impedido de fazer o que pretendia fazer por eles.

Hoje me pergunto: Se a comissão ia impedir que nossa atividade se envolvesse na criação de um novo fundo público, por que nos deixou levantar o dinheiro? Teria sido muito mais fácil para todos se tivessem nos avisado de que não poderíamos montar um fundo arrecadado publicamente enquanto também administrássemos um fundo de gestão privada. O ideal seria que eles deixassem o mercado decidir.

Como não podíamos gerir o fundo nem usar nossa rede para ajudá-lo, decidimos não retirar honorários. Era um modo de assegurar a visão de permitir ao investidor individual aplicar seu dinheiro em capital de risco. No entanto, apesar de meu esforço filantrópico, ao trabalhar de graça, enfrentamos um tumulto.

A bolha da internet estourou em março de 2001, e as ações da DFJ MeVC caíram pela metade do preço na oferta pública inicial, reduzindo o valor da empresa a menos do que o fundo tinha no banco – tão barato, que os espertos gestores de um fundo de *hedge* a compraram e a reposicionaram. Ao tentar proteger o investidor, a comissão o prejudicou seriamente, pois destruiu a premissa do investimento. Os investidores queriam um fundo de capital de risco gerido pela DFJ, que aproveitasse o fluxo de negócios proporcionado pela DFJ Network, e acabaram com um fundo de *hedge* gerido por pessoas que nem conheciam. Consequências indesejáveis de regulamentações podem ser mais nocivas do que a inexistência de regulamentação.

Sempre me orgulhei da possibilidade de melhorar o mundo por meio da melhoria da sociedade, mas, quando a esperança de favorecer o investidor individual foi destruída por gestores de fundos de *hedge*, decidi aprender a lição e desistir.

Certa vez, em uma conversa com Sandra Day O'Connor, juíza adjunta da Suprema Corte, fiquei sabendo que ela havia investido na DFJ MeVC quando abrimos o capital. Embaraçado, pedi muitas desculpas. Hoje, porém, acho que deveria ter relatado toda a situação causada pela Comissão de Valores Mobiliários. Talvez ela estivesse em posição de fazer alguma coisa!

A HISTÓRIA DA XPERT FINANCIAL

O fracasso na MeVC me ajudou a entender melhor as operações financeiras e regulamentações, mas não me desestimulou de novas tentativas e possíveis fracassos. Em parceria com meu filho Adam e meu amigo Thomas Foley, abri uma empresa – a Xchange –, com a intenção de criar um sistema pelo qual empresas privadas poderiam ser negociáveis. Para facilitar a pesquisa, a avaliação e a negociação de empresas privadas, investi em bons engenheiros de software. Enfrentávamos a concorrência da Second Market e da SharesPost, mas estávamos determinados a proporcionar a melhor experiência para os usuários que quisessem comprar e vender ações em empresas privadas, uma vez que as regulamentações – conhecidas como Sarbanes Oxley – impediam a abertura de capital e o investimento em mercados públicos.

Algumas matérias veiculadas pela imprensa citaram nosso nome – Xchange. O pessoal da Comissão de Valores Mobiliários viu e nos enviou uma mensagem informando que deveríamos trocar de nome ou teríamos o desprazer de sermos regulamentados como casa de câmbio. Outra vez! Aff! Com a nobre intenção de proteger o investidor individual, a comissão o impedia de participar do crescimento de empresas privadas, sufocando, assim, a economia e a empregabilidade que poderiam se beneficiar de investimentos em *startup*s.

Em resposta, mudamos o nome da empresa para Xpert Financial. Passamos a empregar os termos "plataforma privada de mercado" em vez de "câmbio privado"; em vez de sermos controlados pela Comissão de Valores Mobiliários, fomos orientados por uma entidade reguladora do setor financeiro – a Financial Industry Regulatory Authority (FINRA) e precisamos solicitar o certificado de corretores.

No papel de grande acionista e membro do conselho diretor, eu precisava ser aprovado e receber a credencial Series 62, que garante a representantes registrados de organizações financeiras autorização para negociar ações, títulos, fundos fechados e fundos negociados na bolsa. Sem a credencial, a empresa não poderia seguir. Por um alto salário, contratamos um monitor, que promoveu treinamento intenso, de modo que eu não me tornasse um empecilho para o desenvolvimento da plataforma. Felizmente, alcancei 76 pontos no teste (precisava de 70 para passar). No entanto, gastamos mais um bom dinheiro na contratação de um oficial de conformidade – um *compliance* – e de advogados do Vale do Silício e de Washington D.C., de modo que a comercialização de empresas privadas acontecesse de acordo com as regras. No caso de uma *startup*, era dinheiro demais apenas para entrar no negócio!

Nossos engenheiros já tinham desenvolvido uma plataforma que seria usada por quem quisesse quando os advogados, então, avisaram que somente poderiam participar dela clientes de alto patrimônio líquido e instituições qualificadas. Além dessa especificação, que nos obrigou a reformular o software, havia as regras em torno de KYC (*know your client* – conhecer o cliente), verificação de fraude e AML (*anti-money laudering* – combate à lavagem de dinheiro). Muita burocracia no caminho do progresso.

Enquanto isso, testávamos o mercado para nosso produto. Por instinto, eu sabia que os investidores gostariam de mais liquidez em suas ações privadas. Mercados sem liquidez tornavam difícil receber o dinheiro das *holdings* em empresas privadas, e os empresários gostariam de vender algumas ações para investir nos negócios, comprar uma casa, mandar o filho para a universidade ou o que quer que seja. No entanto, quando se reuniram para discutir as opções da Xpert, mostraram-se, no papel de fiduciários, muito mais conservadores em relação à nova plataforma. Embora em princípio gostassem da ideia, nenhum queria colocar em risco a empresa em nome de uma melhor liquidez. Assim, foi difícil encontrar o primeiro candidato. Sem clientes, resolvemos "fechar as portas".

Acabamos vendendo a Xpert Financial para outra financeira pelo valor de uma licença de corretor, e Thomas foi desenvolver seu produto em outra empresa. Para nós, investidores, foi uma perda quase completa, e as empresas privadas continuaram sem liquidez. Minha visão de ricos e pobres como capitalistas de risco e donos de ações privadas líquidas negociáveis continuava sendo um sonho.

No momento em que escrevo este livro, a maré pode ter finalmente mudado. Embora a Lei JOBS tenha sido aprovada, permitindo ao pequeno investidor aplicar seu dinheiro em empresas privadas, as regras ainda não são bem claras, mas parece haver uma abertura. Novas plataformas vêm sendo desenvolvidas para a comercialização de empresas privadas. Na Draper Associates, apoiamos a Equidate e a EquityZen, duas promissoras plataformas para investidores de alto patrimônio líquido comercializarem ações privadas, e a AngelList, a Crowdfunder e outras podem estar trabalhando para proporcionar maior liquidez a empresas privadas. Empresas de tecnologia, como a eShares e a Capshare, conseguem facilmente administrar a logística da comercialização de ações privadas. E as ofertas iniciais, por oferecerem moedas em vez de valores mobiliários, também podem favorecer o financiamento e a liquidez para os empreendimentos de empresários criativos.

Atualmente, embora a Comissão de Valores Mobiliários dos Estados Unidos continue a impedir o pequeno investidor de aplicar em mercados privados, o governo britânico facilita as coisas para a MeVC e a Xchange. Há pouco tempo, a Draper Esprit, parceira da Draper Venture Network com sede em Londres, foi registrada na London Exchange sem os problemas que enfrentamos com a MeVC. E a Crowdcube, empresa de financiamento coletivo recentemente apoiada pela Draper Associates, permite que qualquer investidor individual compre ações de empresas privadas. Espero ver, em breve, o Vale do Silício seguir esse exemplo, com as bênçãos da Comissão de Valores Mobiliários.

Fracasse diversas vezes até alcançar o sucesso. Sei que permitir ao investidor individual participar do financiamento de empresas privadas é bom para a sociedade e espero continuar no rumo da solução, criando fracassos e, quem sabe, alguns sucessos ao longo do caminho. Entendo que pessoas sem treinamento para investir podem inadvertidamente perder dinheiro e que o governo quer protegê-las, mas essa atitude as impede de aprender. Talvez um dia o governo troque "regular" por "educar".

Embora eu guarde na memória meus fracassos como tragédias, o verdadeiro fracasso é não agir. No negócio de capital de risco, um mau investimento não representa uma perda tão grande em meio a numerosas transações. No entanto, ter deixado de investir em Google, Yahoo!, Facebook, Airbnb, Uber e outras foi um completo erro. E não foram os únicos de minha carreira.

AS HISTÓRIAS DA ACTIVISION E DA NETFLIX

Minha tendência é ir direto para a resposta. Dou grandes saltos e faço suposições quanto ao futuro que podem ou não se concretizar, mas, uma vez convencido, penso que todos acabarão concordando. Essa falha me impediu, muitas vezes, de fazer as pessoas enxergarem meu ponto de vista e me causou frustrações extraordinárias. Eu precisava aprender a fazer as pessoas enxergarem meu modo de pensar. O ex-Secretário de Estado George Shultz, um verdadeiro visionário, era um mestre na arte de comunicar suas visões. Ele começava muitos de seus discursos assim: "Deixem-me conduzi-los por minha linha de raciocínio." Isso ajudava os ouvintes a entender suas ideias pelo mesmo caminho que ele havia percorrido. Nunca aprendi a fazer isso.

Recém-saído da *Business School*, procurei os membros do conselho da Activision, antiga parceira de meu pai na Sutter Hill Ventures, e pedi que me dessem o cargo de diretor executivo. Eu disse ao conselho que, como diretor executivo da Activision, usaria o alto valor das ações públicas – do capital aberto havia pouco tempo – para comprar a Microsoft, a Lotus e toda a indústria de software, uma vez que as outras empresas eram privadas e pouco valorizadas. Ainda acho que eles deveriam ter aceitado, mas me acharam estranho e, delicadamente, me mostraram a saída. Levei muitos anos para entender que, ainda que apresente a ideia certa, preciso fazer as pessoas enxergarem minha linha de raciocínio, de modo que cheguem à mesma conclusão que eu. Embora esse episódio tenha me causado frustração, o fato de não ter convencido o pessoal do conselho me fez trabalhar minha capacidade de persuasão. Atualmente, procuro manter à mão o que chamo de "método George Shultz" quando quero transmitir uma ideia.

A história de outro fracasso. Reed Hastings, fundador e diretor executivo da Netflix e criador da Pure Software, é outro mestre quando se trata de fazer as pessoas enxergarem seu ponto de vista. Tentamos investir na Pure Software, mas ele recusou a proposta e vendeu a empresa para outro. Reed, então, me apresentou a Netflix. A ideia era criar um website em que os usuários listariam seus filmes preferidos para recebê-los em casa pelo correio. Minha reação foi imediata:

– Isso é ridículo, Reed. As pessoas já recebem os filmes no computador. Por que gastar um dinheirão para criar um serviço de entrega quando a internet de alta velocidade está logo ali na esquina?

– Eles não estão prontos – ele respondeu. – Vamos conquistar o cliente e, depois, fazemos a transmissão direta.

Discordei e desisti de investir na Netflix. Ai!

Por incrível que pareça, Reed também sabia da preferência dos investidores pelas escolas charter, que são autônomas, diferentemente de minhas preferidas, as escolas voucher, em que o governo libera um vale, e os alunos escolhem uma escola particular. Assim, sua iniciativa em educação na Califórnia rendeu frutos, enquanto a minha falhou. Reed Hastings tem uma visão incrível. O que vem a seguir, Reed?

Embora ainda sofra com a tendência de saltar logo para a conclusão, aprendi a tentar compreender como cheguei lá, a fim de indicar aos outros o caminho. Claro que os fracassos me ensinaram muito, mas o caminho a percorrer ainda é longo.

Muitos potenciais Startup Heroes não mapeiam adequadamente o roteiro. Dessa forma, não chegam ao ponto que imaginaram. Recomendo mapear um roteiro que mostre como chegar e compartilhar a conclusão. No entanto, disponha-se também a experimentar um caminho e, se não der certo, tentar outros, até encontrar o sucesso.

Se há uma frase que resume isso é esta: Faça perguntas tolas até se tornar inteligente.

A PERGUNTA TOLA

Em uma festa de inauguração, tive a oportunidade de conhecer a famosa e brilhante entrevistadora Barbara Walters e de lhe perguntar se tinha um conselho para minha filha Jesse, que estava prestes a iniciar um programa de entrevistas chamado *The Valley Girl*.

– Tudo se resume à segunda pergunta.

Esse é o tipo de resposta que faz pensar, e acredito que ela quisesse dizer o seguinte: a primeira pergunta é fundamental, serve de estrutura; pode parecer tola, mas prepara o caminho para a segunda, que pode ser definitiva!

Descobri que a pergunta tola, porém básica, provoca a resposta mais esclarecedora, seja para entrevistar empreendedores ou tirar uma dúvida com o palestrante ou professor diante de uma plateia numerosa. Por mais tola que pareça, essa pergunta geralmente está na cabeça de todos os outros ouvintes.

Na Draper University, os estudantes se reúnem em um espaço que chamamos "sala do ovo". Eles se sentam em grandes almofadas fofas ou em poltronas infláveis que parecem ovos. À primeira vista, o local lembra uma incubadora de frangos gigante. No primeiro dia, sempre comento com eles o livro *Um Estranho Numa Terra Estranha*, de Robert Heinlein. Na obra, um marciano chega à Terra e, sentindo-se perdido, permanece em total silêncio por um longo período. Até que, um dia, ele se expressa com perfeição no idioma local:

– Sou apenas um ovo.

Essa frase significa que ele era muito novo na Terra, mas tinha aprendido a linguagem. É o que digo àqueles heróis em treinamento: são apenas ovos; para quebrarem a casca, precisam erguer a mão e fazer uma pergunta tola. Parece que funciona. Os graduados saem da Draper University dispostos a fazerem a pergunta tola e, assim, tornam-se arrojados, combativos e curiosos. (Veja se consegue encontrar neste livro outra referência a *Um Estranho Numa Terra Estranha*.)

Eu me lembro de uma situação que demonstra a importância da pergunta tola. Em sua apresentação em busca de financiamento, um empresário se referia à "Web 2.0". Cada uma das pessoas presentes supunha que as outras tivessem pelo menos uma vaga ideia do que ele falava, mas somente quando fiz a pergunta tola – O que é Web 2.0? – descobrimos alguma coisa de verdade. Descobrimos que ele era um farsante. Ele se confundiu. Já havia empregado o termo em diversos encontros, e ninguém pedia uma explicação. Minha perguntinha esclareceu a situação para todos. Concluímos estar diante de uma pessoa "tendenciosa", e não de um criador de tendências. Uma pergunta tola nos poupou horas de discussões e incertezas. E, quem sabe, um bom dinheiro. Na verdade, "Web 2.0" tinha inúmeras definições (computação na nuvem, rede sem fio, rede social etc.), e ele não soube escolher a resposta mais adequada, mas a empresa nunca chegou a lugar algum, e foi melhor não investir. A pergunta tola se revelou inteligente.

Seja inteligente. Faça a pergunta tola.

Disponha-se a errar, arrisque-se a parecer uma pessoa "sem noção", faça a pergunta tola que prepara a pergunta seguinte. É muito melhor enfrentar uma situação embaraçosa e vencer do que correr o risco de fingir conhecimento e perder muito. A cada tentativa você aprende e, no longo prazo, alcança mais sucesso.

EXERCÍCIO SOBRE FRACASSO

1. Quando você fracassou? O que aprendeu com o fracasso?
2. O que tentava alcançar quando fracassou? O que alcançou finalmente?
3. Você se dispõe a tentar novamente? O que faria diferente? Você precisa insistir um pouco mais ou cometeu um erro de estratégia?
4. O que seu fracasso pode lhe proporcionar de bom? Você alguma vez deixou de perguntar alguma coisa por achar a pergunta tola?

Durante o voo, escrever foi uma boa distração, embora fosse difícil fazer isso com os solavancos do avião. Já reorganizei a lista diversas vezes, especialmente no que se refere a fracasso e prazer. Afinal, esses dois componentes integram boa parte do Startup Hero. Cada item cumprido (e alguns que tentei, mas não consegui) tem uma história, às vezes anotada abaixo dele. As realizações e as histórias me proporcionaram sucesso e felicidade. Portanto, obrigado, Ted!

Antes de ler minha lista, que apresento a seguir, faça a sua. Somente então consulte a minha e veja se quer mudar alguma coisa.

Agora, sinta-se à vontade. No momento em que escrevo, cumpri apenas os desejos que estão marcados.

FAMA

1. ✓ Participar de um programa de televisão. (*Startup U*, *The Naked Brothers Band*)
2. ✓ Participar de um filme. (*Heartless*)
3. ✓ Fazer um personagem com fala em um filme. (*Naked Brother Band*)
4.   Escrever um romance.
5.   Escrever um livro de não ficção. (Acho que este pode ser considerado um, mas alguns dirão que se trata de um romance.)
6. ✓ Aparecer na capa da revista *Upside* ou *The Red Herring*.
7. ✓ Dar uma festa para mil convidados. (*2001: A Cyberspace Odessay*)
8. ✓ Ser o convidado de um programa de entrevistas. (*Stephen Colbert*)

FORTUNA

9. ✓ Comprar uma ilha. (Lupita Island)
10.   Fazer um investimento na Mongólia.
11. ✓ Comprar um bom pedaço de terra no mar. (Dream Farm Ranch)
12. ✓ Fazer um investimento de capital semente em cinco empresas públicas. (PTC, TSLA, DIGI, Overture, BIDU e muitas outras)
13. ✓ Comprar o número 15 da revista *Amazing Fantasy* e a figurinha do jogador de beisebol Willie Mays. (Comprei as duas.)
14.   Registrar uma patente. (Até agora entreguei minhas ideias gratuitamente.)
15.   Comprar um quadro de Vincent van Gogh.

FAMÍLIA

16. ✓ Ter quatro filhos. (Jesse, Adam, Billy, Eleanor)
17. ✓ Casar. (Melissa)
18.   Sair por aí de mochila nas costas com meus filhos.
19.   Abrir uma empresa com meus filhos.
20. ✓ Assistir ao nascimento de um bebê. (Assisti ao nascimento de todos os quatro.)
21. ✓ Comprar um barco a vela. *(Flying Scot)*
22. ✓ Comprar uma lancha. (Comprei uma de 100 pés.)
23. ✓ Ver todos os filhos formados na universidade. (UCLA x 3 e USC)

VIDA DE FÃ

24. Visitar todos os 50 estados dos Estados Unidos – passar uma noite. (46/50)
25. Visitar 100 países – passar uma noite. (68/100)
26. ✓ Assistir à partida final do campeonato de beisebol profissional. (Vamos lá, Giants!)
27. ✓ Assistir à World Cup. (Stanford)
28. ✓ Assistir ao Super Bowl. (Ravens contra Giants)
29. ✓ Jogar xadrez no Washington Square. (Perdi três partidas.)
30. Jogar tênis em Wimbledon.
31. Cruzar o país de carro.
32. ✓ Ir à DisneyWorld. (Divertido!)
33. Participar de um safári em Botswana.
34. ✓ Ir ao Consumer Electronics Show, em Las Vegas. (Muitas vezes)
35. ✓ Visitar a Bolsa de Valores de Nova York. (Biz World e MeVC)
36. ✓ Assistir à estreia de um espetáculo da Broadway. *(Crazy She Calls Me)*
37. ✓ Assistir a uma apresentação da Steve Miller Band. (Com Doobie Brothers, em Shoreline – encontrei-me com ele mais tarde.)
38. ✓ Visitar as pirâmides. (E Ramsés II)
39. ✓ Assistir aos Jogos Olímpicos. (De verão em Atlanta e de inverno em Utah.)

AMIGOS

40. Jogar touch football com Joe Montana.
41. Conhecer pessoalmente todos os presidentes dos Estados Unidos que sucederam Richard Nixon. (Por enquanto, tudo bem.)

42. ✓ Conhecer o ex-jogador de beisebol Barry Bonds. (Ele ajudou a treinar a equipe de T-ball – beisebol modificado para jovens – de meus filhos.)
43.   Conhecer o ex-jogador de basquete Charles Barkeley.
44. ✓ Conhecer o financista e filantropo Michael Milken. (Dei uma palestra no Milken Institute.)
45.   Conhecer Michael Jackson. (Eu tinha passe livre para os bastidores de seu show em Londres, mas ele morreu antes.)
46. ✓ Conhecer Phil Collins. (Na entrega do Oscar.)

EXTRAVAGÂNCIAS

47. ✓ Comparecer a um funeral. (Fui a muitos.)
48. ✓ Estar no meio de um furacão. (Nadei durante o furacão Bob.)
49. ✓ Sentir um terremoto. (Eu me joguei embaixo da mesa de trabalho.)
50. ✓ Estar em uma enchente. (Nosso cão precisou nadar pela casa.)
51. ✓ Ver um vulcão em atividade. (Em Pucón, no Chile, e no Monte Santa Helena, no estado de Washington, ambos de cima.)
52. ✓ Visitar uma prisão. (Prisão estadual de Sonora, com Defy Ventures.)

REALIZAÇÕES

53. ✓ Criar um jogo de tabuleiro. (*Stanford: The Game*)
54. ✓ Criar um jogo para uma classe escolar. (*Biz World*)
55. ✓ Pintar dez bons quadros. (Bons aos olhos do pintor.)
56.   Plantar uma árvore que sobreviva.
57. ✓ Construir uma casa na árvore com meus filhos. (Na casa de meus pais, mas foi desmontada.)

58.	✓	Produzir um filme. *(The Tic Code, The Naked Brothers Band, Stella's Last Weekend.)*
59.		Produzir um título de CD-ROM. (Acho que a tecnologia me venceu nessa.)
60.	✓	Ter dez artigos publicados. (A maior parte sobre apoio ao empreendedorismo e avanços da tecnologia.)
61.		Escrever um poema longo.
62.	✓	Transformar o fracasso em sucesso. (Houve muitos.)
63.	✓	Conseguir emprego para dez amigos. (Muito gratificante.)
64.	✓	Plantar uma horta. (Atraiu corvos.)
65.		Libertar um prisioneiro.
66.	✓	Conseguir que uma lei seja modificada ou anulada. (Tornar legais as escolas voucher.)
67.	✓	Dar aula na Stanford *Business School*. (Com Bill Sahlman.)

FASCINAÇÃO

68.		Aprender melhor o idioma japonês.
69.		Aprender a tocar bem três melodias ao piano.
70.		Ler mil livros. (Estou no 350.)
71.		Aprender a preparar uma sobremesa espetacular.
72.	✓	Ler a Bíblia. (Novo e Velho Testamento.)
73.	✓	Ler o Corão. (Brilhante documento jurídico.)
74.	✓	Ler o Livro de Mao. (Ao mesmo tempo impressionante e terrível.)
75.		Ler o Livro dos Mórmons.
76.		Conseguir pontuação abaixo de 85 no golfe. (Melhor pontuação 86, pontuação típica 110.)

BESTEIRAS

77. ✓ Montar um cavalo desconhecido em pelo. (Com meu cunhado no Havaí.)
78. ✓ Voar de asa delta. (Colidi e rachei o mastro.)
79. ✓ Pilotar um avião. (Dei voos rasantes no Alasca.)
80. ✓ Praticar *parasailing*. (No México.)
81. ✓ Beber sangue de cobra na Snake Alley. (Taiwan)
82. ✓ Nadar na Crystal Springs Reservoir. (Águas muito turvas!)
83.   Pilotar uma bicicleta voadora.
84. ✓ Correr sem roupa. (Experimente!)
85. ✓ Voar no Concorde. (Com Melissa, quando ela fez 40 anos.)
86.   Caminhar na Lua.
87. ✓ Montar em um elefante. (Na Índia e na Sand Hill Road – onde se concentram empresas de capital de risco.)
88. ✓ Pilotar um *jet ski*. (Muito divertido.)
89. ✓ Mergulhar com cilindro novamente. (Na primeira vez, na África, fiquei sem ar.)
90.   Nadar sem roupa em todos os oceanos. (Menos no Oceano Ártico, brrrr!)
91. ✓ Nadar em uma torre de água. (Point O' Woods, em Michigan.)

FEITOS

92. ✓ Correr uma maratona. (Uma desistência.)
93. ✓ Escapar de Alcatraz. (Realmente parti de Alcatraz, brrrr!)
94. ✓ Praticar esqui aquático descalço. (Em Sacramento Delta.)
95. ✓ Escalar uma montanha. (Posso procurar outra mais alta.)
96.   Mergulhar do rochedo em Hyatt Regency Kauai.
97. ✓ Fisgar um marlim. (Peguei um filhote no México.)

98. ✓ Fisgar um salmão no Alasca. (Peguei um espetacular!)
99. ✓ Pedalar de minha casa até o oceano. (Desisti depois de 101 quilômetros.)
100.   Ir a pé até o alto do Empire State.
101.   Fazer outra lista.

Releia sua lista de desejos e veja se quer alterar alguma coisa. A lista vai servir de orientação e inspiração, ajudando-o a ser uma pessoa melhor, a entender melhor o mundo e a realizar o que pretende. É provável que o fato de verificar os itens da lista contribua para uma vida plena de gosto e entusiasmo, uma vez que você vai sentir vontade de fazer mais do que está escrito, como um verdadeiro Startup Hero.

A lista já rendeu mais de 70 histórias boas para contar aos netos, mas vou compartilhar algumas com vocês. Ela me ajudou a seguir em frente, a me divertir e a fazer algumas bobagens ao longo do caminho.

SORTE NO ITEM 13: *AMAZING FANTASY* NÚMERO 15 E A FIGURINHA DO ASTRO DE BEISEBOL WILLIE MAYS

O número 13 da lista de 100 realizações a cumprir antes de morrer me levou ao encontro de Willie Mays e Stan Lee, meus heróis.

Willie Mays, herói

Eu amava beisebol. Acho que ainda amo, mas sem a antiga reverência de quando tinha 9 anos de idade. Eu colecionava figurinhas de beisebol. Estudava os jogadores, as posições, as estatísticas. Escutava as transmissões dos jogos pelo rádio, anotando cada arremesso, e lia as páginas de esportes pelos jornais. Estudava os líderes, as posições, os comentários. Aprendi mais matemática com as estatísticas na parte de trás das figurinhas e com a seção de esportes do jornal do que na escola. Como jogador, era razoavelmente bom, pelo menos até o Ensino Médio, quando os arremessadores descobriram como lançar bolas em curva, e eu não as acertava.

Eu me lembro de acampar no quintal com Cree Edwards e de, deitados em sacos de dormir, ficarmos acordados até meia-noite para ouvir o jogo pelo rádio. Aquela foi a primeira partida de Bobby Bonds como rebatedor na liga principal, e ele fez uma jogada espetacular. Lembro, também, quando meu pai nos levou para assistir a um jogo do San Francisco Giants, e vimos Gaylord Perry arremessar um no *hitter*. A estrela do time era Willie Mays, o único que conseguia um *home run* – meu herói que eu tanto queria conhecer.

Aos 42 anos, investi em David Kaval, que ainda era mais fã de beisebol do que eu e criou uma nova liga secundária chamada Golden Baseball League. Ele e um amigo cumpriram o desafio de assistir a todos os jogos da liga principal em trinta dias. A ideia por trás daquela *startup* era desafiar o monopólio em que se transformara a liga profissional de beisebol. A ideia era boa, e David era determinado, mas os fracassos se sucederam em quatro temporadas. Até participei de um jogo pelo Chico Outlaws. Fiz três entradas e meia no campo direito e consegui um *strike out*. Todas bolas curvas. Mais tarde, David Kaval assumiu o posto de gerente geral do Oakland A's e me convidou para fazer o primeiro arremesso em um jogo – algo que eu deveria ter incluído na lista.

De volta a Willie Mays. A figurinha, feita por Bowman em 1951, era difícil de conseguir e, quando em bom estado de conservação, caríssima. Eu não queria fazer um gasto que muitos classificariam como bobagem, mas cismei que ia conseguir uma, apenas porque estava na lista.

Na época, antes de a eBay transformar o mercado, uma figurinha antiga de Willie Mays podia chegar a 2 mil dólares em São Francisco ou em Nova York, onde ele jogou pelos Giants. Em outras cidades, porém, ele era apenas "o sujeito que derrotou nosso time", e as figurinhas com sua foto não valiam tanto.

Certa vez em Boston, a negócios, visitei uma empresa capaz de revolucionar a química ao desenvolver uma simulação de moléculas no computador: a Polygen, na Route 128. Uma visita à equipe na Parametric Technology confirmou minha satisfação pelo investimento. Com algumas horas livres, fui dar uma volta. Foi quando uma lojinha voltada para colecionadores fãs de esporte me chamou a atenção, e resolvi entrar. Enquanto passeava entre os artigos, tentando reconhecer antigos jogadores, vi a figurinha de Willie Mays. Bowman. 1951. Em excelentes condições, à venda por 640 dólares.

Claro! Fazia sentido. Ninguém em Boston teria interesse. Colecionadores pagariam muito mais pela figurinha de Carl Yastrzemski, que jogou pelo time local. Os fanáticos pelo Red Sox provavelmente detestavam Willie Mays. Depois de uma negociação com o proprietário, o preço caiu para 600 dólares. Saí da loja feliz, como se carregasse os códigos nucleares do presidente. Aquela foi minha primeira arbitragem geográfica, sem saber que a Draper Ventures Network um dia se beneficiaria da mesma estratégia.

Tive a chance de conhecer pessoalmente Willie Mays quando ele foi treinar o filho de Barry Bonds, que atuava no time de T-ball de meu filho. Que grande momento! Eu lhe disse que era meu herói e apertei sua mão. Nunca apertei uma mão tão grande.

Stan Lee, herói

A grande festa que fiz em meu aniversário de 21 anos trazia no convite um pedido aos convidados para que me dessem presentes "diferentes e caros". Dr. Dave Mohler me levou à parte central de uma usina nuclear. Meu colega de quarto em Stanford, Doug Carter, me deu um pão mofado – segundo ele, uma forma inicial de penicilina. Bobby Jacobs, meu amigo de infância, chegou lá com a revista em quadrinhos *Amazing Spiderman*, número 162. Maravilha! Acontece que, ao ler, descobri que aquele era o meio da história. Eu precisaria dos números 161 e 163 para conhecer a história inteira.

Anos mais tarde, já um grande colecionador de revistas em quadrinhos, concluí que, se quisesse realmente saber tudo sobre o Homem-Aranha, precisaria comprar e ler a série inteira, inclusive o número 15 de *Amazing Fantasy*, a primeira aparição dele. Um exemplar em perfeito estado chegava a custar mais de 10 mil dólares. Claro que esse era um item para minha lista de desejos.

O amor por super-heróis e a paixão por revistas em quadrinhos me parecem características genéticas. Meu filho Adam também ama quadrinhos, e eu, naturalmente, apoiei a ideia, certo de que esse gosto contribuiria para que ele e os irmãos conhecessem novas tecnologias, exercitassem bons valores e, quem sabe, se tornassem heróis.

Adam e eu fomos juntos ao Comic-Con, a grande conferência sobre histórias em quadrinhos. Nós nos divertimos muito ao ver pessoas que chegavam vestidas como personagens de suas histórias favoritas, ao conhecer os personagens que estão por trás dessas histórias, ao explorar todas as atividades. Encontramos um sujeito caracterizado como técnico em conserto de relógios suíços, que ocupava uma cabine cheia de revistas antigas. Ao conversar com ele, mencionei que gostaria de comprar o número 15 da *Amazing Fantasy* para completar minha lista de desejos.

O homem, então, chamou alguém do outro lado do corredor, e a revista que eu procurava apareceu como em um passe de mágica. Depois que Adam e eu examinamos tudo, para ter certeza de que se tratava de uma peça autêntica, perguntei por quanto ele venderia. Pechinchei um pouco, até conseguir o preço de 6,4 mil dólares, e saí de lá nas nuvens, de posse de meu mais novo troféu.

O criador do Homem-Aranha, do Homem de Ferro, do Quarteto Fantástico e de outros super-heróis interessantes é um sujeito chamado Stan Lee – verdadeira lenda dos quadrinhos –, que cobrava um valor alto por autógrafos e fotos durante a Comic-Con. Sempre quis encontrá-lo, mas nossos caminhos nunca se cruzavam.

Até que, certo dia, Adam perguntou se eu gostaria de almoçar com Stan Lee. Por intermédio da Boost, sua empresa aceleradora, Adam conheceu um amigo de Stan e comentou com ele sobre a paixão que tinha por super-heróis. Na verdade, a missão da Boost é, declaradamente, ajudar empreendedores a desenvolver um traje de Homem de Ferro.

Agarrei a oportunidade. Afinal, minha carreira pode ser resumida em apoiar, financiar e formar heróis, e Stan teve grande importância em minha vida profissional.

O encontro aconteceu em um belo restaurante de Los Angeles. Éramos seis à mesa, mas Adam me cedeu a honra de ficar ao lado de Stan. Aos 91 anos – eu arriscaria dizer 70, se não soubesse – ele era encantador: esperto, inteligente e divertido; nos demos muito bem. Stan me contou como criou os conceitos de *"true believers"* e "muito poder traz muita responsabilidade". Ele falava de novos projetos como se tivesse 31 anos. Com a imaginação intacta, ainda tinha muito a realizar.

Cheguei bem preparado ao almoço, com o exemplar de *Amazing Fantasy* número 15, para o caso de ter a chance extraordinária de lhe mostrar e, quem sabe, conseguir um autógrafo. A revista autografada perderia um pouco do valor de revenda, mas o valor emocional seria astronômico. Quando lhe mostrei a revista, a expressão dele se iluminou. Segundo a história que ele me contou em seguida, os editores talvez não estivessem em um bom momento, prestes a encerrar a série *Amazing Fantasy* – ele perderia o emprego –, e não se importaram com a primeira aparição do Homem-Aranha, embora não gostassem da ideia. No entanto, as prateleiras se esvaziaram rapidamente, e os pedidos de novos exemplares não paravam de chegar. Convencidos de que contavam com um colaborador vitorioso, os editores encomendaram uma nova série estrelada pelo Homem-Aranha.

Embora eu não sentisse o tempo passar, o encontro já se estendia por duas horas, e não me achei no direito de pedir mais nada a Stan. Ao contrário, sentia-me agradecido. Mostrei fotos da Draper University e da Hero City, com pinturas de super-heróis nas paredes. Contei como "comprava" Adam e Billy, fazendo com que se esforçassem mais nas aulas de natação em troca de figurinhas Marvel Masterpiece. Então, perguntei se ele tinha o número 15 de *Amazing Fantasy*. Para minha surpresa, a resposta foi:

– Não. Essas coisas são muito caras.

Depois de uma breve hesitação, não resisti. Ele havia exercido tanto impacto sobre mim, sobre minha vida e minha carreira que me senti no dever de recompensá-lo de algum modo e lhe ofereci a revista. Ele ficou tão lisonjeado, tão agradecido, que eu soube ter feito a coisa certa. Um de meus seguidores no Twitter se expressou muito bem: "Que generosidade! O universo está em equilíbrio novamente".

Tive a oportunidade de fazer alguma coisa por alguém que considero herói. Foi maravilhoso, quase catártico. Na verdade, nunca tive planos para aquela revista. A propósito, se Willie Mays não tiver a figurinha dele, fico feliz em convidá-lo para almoçar.

NÚMERO 1: BEBER SANGUE DE COBRA NA SNAKE ALLEY, TAIPEI, TAIWAN

Eu estava em Taipei com David Lee, que, anos antes, havia fundado a Qume, onde inventou a impressora margarida – uma impressora que parecia uma pequena roda de bicicleta de plástico. David tinha decidido abrir uma fábrica de periféricos em Taiwan, à qual também deu o nome de Qume, e estávamos lá, na companhia dos diretores, para inspecionar as instalações. Foi uma viagem maravilhosa, com diversas experiências novas.

Tomamos sopa de barbatana de tubarão, comemos carne de jumento e pés de galinha, que estavam entre as iguarias locais. Pela primeira vez, cantei em um karaokê. Eu e Bob Dilworth, diretor executivo da Zenith Data Systems, subimos ao palco diante de 150 locais, que não falavam inglês, e cantamos *Put your head on my shoulder*. Ao final, conforme a letra da música, deitei a cabeça no ombro de Bob. Como ninguém mais entendia as palavras, somente ele e eu sabíamos a razão desse gesto.

O momento definitivo da viagem, porém, foi quando chegamos ao famoso Snake Alley.

– Quem quer beber sangue de cobra? – David perguntou em tom brincalhão.

Como tinha apreciado a sopa de barbatana de tubarão, aceitei.

– Estou disposto a tudo!

Seguimos por uma viela sombria, onde um homem abriu um cesto e mostrou uma cobra recém-capturada. Depois de negociar com David em chinês, o homem me mandou subir em um caixote. Quando uma pequena multidão nos cercou, comecei a pensar se a cena era tão comum quanto David havia sugerido.

– Ele disse que é muito bom para a visão – ele traduziu.

Considerei o sentido figurativo ou uma visão do futuro, mas talvez o homem se referisse a "vista".

O sujeito pegou a cobra pelo rabo, bateu com a cabeça dela no caixote e descascou o corpo como se fosse uma banana grande. Em seguida, pendurou o bicho de cabeça para baixo, de modo que o sangue escorresse para um pequeno cálice de vidro. Então, tirou alguma coisa que parecia um feijão ensanguentado (era a vesícula biliar da cobra), esmagou com os dedos e jogou no cálice. Finalmente, acrescentou ao sangue um líquido claro, que me pareceu vinho de arroz. Não bebo álcool, mas resolvi abrir uma exceção. Sob os aplausos da "plateia", engoli tudo de uma vez.

Minha expressão certamente foi de alegria para horror. Aquilo tinha um gosto horrível. Argh! Eu deveria ter adivinhado. Passei mal o restante da noite, como se o sangue tivesse feito um estrago em meu estômago.

No dia seguinte, estava completamente recuperado. Acredito que "peguei a visão". Não vou dizer que prevejo o futuro, mas também não vou dizer que não o prevejo. Em todo caso, não posso negar que minha sorte melhorou muito desde então.

NÚMERO 9: COMPRAR UMA ILHA

Perseguido por um búfalo negro africano

Meu bom amigo Tom Lithgow cresceu na Tanzânia. Ele administra uma agência de turismo africana chamada Firelight Safaris. Tom e Belinda, casados na época, levaram minha família para um safári. Segundo ele explicou, o búfalo-negro-africano, um animal notoriamente perigoso, pesa cerca de uma tonelada, tem quase 2 metros de altura e coloca um bando de leões para correr. Dois dias depois que ele falou isso, a informação se confirmou, vimos isso acontecer. Que criatura espetacular!

No dia seguinte, ao ver um búfalo-negro-africano deitado, pedi a Tom que me fotografasse rapidamente ao lado dele. Em seguida, entrei em nossa cabana e chamei meus filhos para fazerem o mesmo.

Minha filha Jesse recusou o convite dizendo que precisava tirar uma soneca, já encaminhando-se para a cama.

– Papai, estou no limite. Não quero chegar perto daqueles animais – meu filho Billy respondeu.

– Vamos lá, Billy, é rapidinho – insisti.

Depois de alguns agrados, ele, meu filho Adam, minha filha Eleanor e eu fomos ao encontro do animal. Adam e Eleanor correram em direção à criatura, que tinha se levantado! O cenário era muito diferente – muito mais perigoso.

Enquanto Billy avançava em direção ao búfalo, para caber na foto, um guerreiro Maasai surgiu pelo outro lado; ele estava lá para nos proteger. Agitando as mãos, ele assobiou e gritou:

– Saiam de perto do búfalo!

Ao se ver cercado de pessoas, o animal se assustou e resolveu atacar. Billy deu meia-volta e saiu correndo, Eleanor foi atrás, e Adam, atrás dela. Eu fiquei, para ele me ver e não perseguir as crianças, mas me tornei um enorme e fácil alvo. Olhei em volta com cautela, em busca de proteção. Enxerguei apenas um arbusto a uns vinte metros de distância, cuja base do tronco não chegaria a 10 centímetros. Corri até lá e me escondi atrás dele.

O búfalo chegou mais perto e parou. Embora pudesse facilmente avançar e me dar uma chifrada, ele parou, como se quisesse me observar melhor. Em seguida, andou um pouquinho para a esquerda. Eu andei um pouquinho para a direita e balancei o corpo, como fazia com minhas irmãs quando elas me perseguiam em volta da mesa da cozinha. Repetimos esses movimentos diversas vezes, até que ele finalmente desistiu e foi embora, não sem antes dar uma última olhada para trás.

Já seguramente fora do alcance do animal, corri para dar um abraço tranquilizador em meus filhos. Billy deu de ombros e falou, sério:

– Papai, entre.

No dia seguinte, uma enorme ave de rapina, uma pipa de ombros pretos, me deu uma bicada na cabeça e roubou meu sanduíche. Passei o restante da viagem em estado de alerta, e atualmente tenho uma cabeça de búfalo em meu escritório, para me lembrar de estar alerta, pois a vida pode acabar em um minuto.

Essas experiências me aproximaram de Belinda e Tom Lithgow, que, mais tarde, me levaram a comprar a Lupita Island, permitindo, assim, que eu riscasse o número 9 de minha lista de desejos.

Lupita Island

Sempre me agradou a ideia de ter uma ilha. A liberdade de começar uma nova utopia, a sensação de estar ao ar livre e rodeado por água. Também gosto da ideia de reinventar o mundo. Para mim, ilhas sempre significaram aventura e relaxamento. Certa vez, meu avô reuniu toda a família em Palm Island. O descobridor da ilha tinha registrado em livro a história sobre como sobreviveu lá sozinho durante anos, até ser encontrado por viajantes. Em vez de voltar à civilização, ele preferiu transformar a ilha em um recanto rústico, onde as pessoas pudessem descansar e se divertir. Considero uma aventura ser dono de uma ilha: parte Robinson Crusoé, parte vilão de James Bond, parte turista havaiano.

Depois do safári familiar na Tanzânia, resolvi comprar uma terra por lá, antes que o mundo descobrisse aquele lugar lindo. Os Lithgows identificaram uma ilha no Lago Tanganica que podíamos ocupar. Então, comprei a ilha para construir nosso paraíso. Com Tom e Belinda como parceiros, iniciei a construção da Lupita Island. Tom supervisionaria a construção, e Belinda, com seu talento para design, cuidaria do interior.

Quando nos ofereceram a ilha, ela tinha apenas mato e pedras. Sem habitações permanentes, era como uma página em branco. A construção levou quatro anos para ser feita, de 2004 a 2008. Se você entrar em uma empreitada dessas, prepare-se, porque algumas coisas podem dar errado. O contratado para projetar a pista de pouso e decolagem morreu em um acidente de navegação. A embarcação que adquirimos precisou ser serrada para passar embaixo da ponte e, depois, emendada. Alguns trabalhadores acenderam uma fogueira para queimar lixo muito perto de uma construção e incendiaram tudo. Na verdade, construímos tudo novamente em condições melhores, mas perdemos tempo e dinheiro. Sempre que possível, usávamos tijolos, madeira e cobertura de palha locais, comprados dos comerciantes da região. Para que a ilha não fosse saqueada, contratamos guardas de segurança; apenas não conseguimos impedir os chimpanzés que viviam lá de roubarem comida da despensa. Meus amigos Doc Mohler e Alfred Mandel fizeram uma primeira incursão na ilha, quando Alfred instalou o wi-fi e David prestou alguns atendimentos médicos aos locais, enquanto afastavam os piratas. Os chalés que Belinda projetou e que Tom construiu são provavelmente os mais belos do mundo, embora muito sangue (literalmente), suor e lágrimas tenham corrido durante a construção. A ilha, considerada "luxuosamente rústica", tem atraído algumas das pessoas mais famosas e ricas do mundo. Não existe título de propriedade, e não temos nenhum documento do governo da Tanzânia dizendo que a ilha é nossa. Contamos apenas com o "O.K." da cidade vizinha. Se as coisas apertarem, podemos declarar a ilha como território livre e ver o que acontece.

Para que nossa ilha se mantenha especial, fazemos pouca publicidade. O foco são famílias saudáveis que queiram se reunir, mas recebemos, também, algumas conferências exclusivas. Claro que casais de celebridades se interessam em passar sua lua de mel lá, pois ficam totalmente livres dos paparazzi e dos fãs enlouquecidos.

Costumo viajar a Lupita Island na companhia de 20 a 30 amigos, e ficamos com o local todo para nós. São as viagens ideais. As pessoas se conhecem melhor e praticam atividades que seriam impossíveis em outro lugar: sobrevoar de helicóptero a segunda mais alta cachoeira do mundo, perto de Zâmbia; saltar do helicóptero a mais de 10 metros de altura sobre o lago, no estilo James Bond; mergulhar com cilindros para nadar entre raros peixes de água doce; ou avistar os chimpanzés que Jane Goodall estudou. Certa vez, nadei com meus amigos Larsh Johnson e Will Edwards até uma ilha vizinha, onde encontramos habitantes que viviam exclusivamente do que tiravam do lago.

Todas as nossas experiências têm sido extraordinárias, mas uma, em especial, é inesquecível: esquiar no lago sem outra embarcação à vista. Os locais olhavam fixamente e acenavam, pensando que, de algum modo, eu andava sobre a água.

Para quem faz uma observação superficial, o investimento na ilha parece um total fracasso. Todo ano o prejuízo se repete, e não podemos vender, porque o título de propriedade está preso a uma lenta e aparentemente arbitrária burocracia. Para mim, porém, Lupita Island representa uma válvula de escape, uma zona de comércio possivelmente livre, o sonho de uma vida simples e uma opção para o que espero que seja um próximo *boom* do turismo africano.

NÚMERO 54: CRIAR UM JOGO PARA UMA CLASSE ESCOLAR

Em minha lista de desejos, criar um jogo para uma turma de alunos é o número 54, cuja oportunidade de realizar surgiu quando minha filha Jesse, então com 8 anos de idade, me perguntou:

– O que você faz?

Em vez de dizer, resolvi mostrar; então criei um jogo sobre negócios adequado para uma classe do 3º ano. Foi divertido. A matéria seria dividida em quatro dias – projeto, execução, marketing e contabilidade –, de modo que os alunos experimentassem as fases de desenvolvimento de uma empresa. Como minha filha adorava braceletes da amizade, decidi transformar a sala de aula em um setor de fabricação daqueles objetos.

Passei meses insistindo com a professora para que me cedesse a turma por quatro manhãs, mas ela sempre adiava. Até que, um dia em maio, ouvi isto:

– Quer saber, eles já terminaram as provas. Veja o que pode fazer. Mas desconfio de que, depois de uns quinze minutos, você me devolverá a turma.

– Se for assim, tudo bem – respondi.

E comecei a aula. Dividi a classe em seis grupos de seis estudantes. Cada um seria uma empresa.

No dia do projeto, os grupos se reuniram, levantaram dinheiro com um banqueiro ou capitalista de risco, compraram lápis e papel para os desenhos e escolheram qual dos seis seria executado no dia seguinte. Houve um bocado de discussão sobre os mais bonitos e os mais fáceis.

No dia da execução, os alunos compraram fios, fitas e sacos. A maioria resolveu começar como loja de trabalho, em que cada estudante desenvolvia os próprios braceletes; alguns mais espertos, porém, descobriram que, em geral, as meninas trabalhavam melhor, e formaram algum tipo de linha de montagem.

No dia do marketing, solicitei às equipes que criassem um *slogan*, um logotipo, uma apresentação de vendas e um comercial. Então, o pessoal do 4º ano foi convidado a agir como compradores exigentes, circulando pela sala e comprando com base na qualidade do marketing e dos produtos. O sucesso foi enorme, e a sala de aula ficou parecendo um bazar turco. As crianças anunciavam suas mercadorias:

– Compre aqui seu bracelete!

Como os grupos foram treinados para acompanhar a trajetória do dinheiro, no dia da contabilidade eles elaboraram o balanço e a declaração de renda. Com base no lucro de cada empresa, escolhemos o vencedor.

O que aconteceu depois foi fenomenal. No terceiro dia, a professora me deixou assumir a classe e chamou o diretor para assistir. Ao final do quarto dia, ela disse:

– Você precisa voltar no próximo ano.

– Você precisa ensinar às turmas do 4º, 5º, 6º, 7º e 8º ano – o diretor completou.

Agradeci aos dois e dei a desculpa de que tenho muitos afazeres, mas sabia que dali sairia alguma coisa.

Dois anos depois, fiz o mesmo tipo de atividade na turma de meu filho Adam, filmei e criei um programa, de modo que pais e professores pudessem transmitir os mesmos ensinamentos com toda a facilidade. Com base naquele conteúdo, criei a BizzWorld, uma organização sem fins lucrativos que ensina às crianças como funciona o mundo dos negócios. Em vinte anos de funcionamento, completados em 2017, a BizzWorld levou o método aos 50 estados dos Estados Unidos e a mais de 100 outros países. Assim, mais de 600 mil crianças foram beneficiadas.

Na condição de entidade sem fins lucrativos, a BizzWorld precisa levantar dinheiro para elaborar os pacotes que treinam professores e voluntários. Assim, todo ano promovemos um evento a que as pessoas são convidadas a comparecer, para fazer doações e interagir com os estudantes enquanto eles vendem os braceletes. Temos, também, um espaço para troca de ideias, quando entrevistamos especialistas no assunto e empreendedores bem-sucedidos. A primeira entrevista foi com Eric Schmidt, do Google, a quem perguntei se havia aprendido alguma coisa sobre negócios enquanto cursava o Ensino Fundamental.

– Não – ele respondeu. – Precisei aprender na prática.

Durante outra entrevista, com Ronnie Lott, o famoso jogador defensivo do 49ers, com anéis do Super Bowl em todos os dedos (exceto um), questionou as crianças a respeito de negócios. Elas responderam com segurança, por causa da experiência com a BizzWorld. O evento passou a ser chamado de BizzWorld's Riskmaster Award Lunch e tem atraído verdadeiros astros do setor, entre eles Elon Musk, da Tesla e SpaceX; Marc Benioff, da Salesforce; Richard Rosenblatt, da Myspace; Chad Hurley, do YouTube; Tom Seibel, da Seibel Systems; Jenny Johnson, do Franklin Fund; Aaron Levie, da Box; Eric Migicovsky, da Pebble; Brian Armstrong, da Coinbase; e Peter Gotcher, da Digidesign e Dolby. Por ironia, nenhum deles recebeu instruções sobre negócios no Ensino Fundamental. A BizzWorld promove, também, um jantar anual para angariar fundos. Joe Saunders, da Visa, Paul Jacobs, da Qualcomm, e Meg Whitman, da eBay, foram homenageados nesses jantares. A realização do desejo número 54 me proporcionou o relacionamento com algumas das figuras mais poderosas do mundo da tecnologia.

A BizzWorld me levou, ainda, a lançar a ideia das escolas vouchers na Califórnia. Quando aconteceu aquela primeira experiência na turma de Jesse, notei como as aulas eram rígidas. Depois de questionar muito, concluí que questões estruturais dificultavam o ensino e a administração escolar e decidi tentar melhorar o sistema. Esse ativismo me levou a ser indicado para o Conselho de Educação do Estado da

Califórnia. Durante o mandato, fui autor e apoiador de uma iniciativa de âmbito estadual que oferecia aos pais a possibilidade de escolherem a escola de seus filhos.

Conforme percebi, escolas e professores não eram responsáveis: maus professores não podiam ser demitidos e bons professores não podiam ser promovidos; o diretor não influenciava as contratações, os salários ou os bônus. O sindicato dos professores da Califórnia havia desenvolvido uma hegemonia de poder sobre a educação no estado que controlava tudo, de salários e horas de trabalho dos professores até o processo sob o qual eles podiam ser substituídos. Essa influência se estendia às leis, de modo que arrecadasse bastante dinheiro dos contribuintes e que mais professores pudessem ser contratados. Afinal, professores pagam tributos ao sindicato; quanto maior o número de professores, mais dinheiro chega ao presidente do sindicato. Os pais ficavam restritos à escola do distrito em que moravam, sem a possibilidade de tirar os filhos de lá se não estivessem satisfeitos. Escolas precisam de opções. Precisam de responsabilização. Precisam de um sistema de mercado.

As escolas vouchers são um sistema de mercado que confere aos pais o direito de escolher a escola que considerarem melhor para seus filhos. O dinheiro do contribuinte acompanha a criança na escola escolhida pelos pais. Decidi tentar criar esse sistema de mercado, esse direito de escolha.

Comecei por um website – o primeiro website político criado por alguém – o LocalChoice2000.com. No site, solicitei ideias para desenvolver a iniciativa. Das 10 mil sugestões recebidas, resolvi começar por uma que me pareceu ambiciosa, porém justa e simples. A pesquisa feita por uma equipe que contratei demonstrou que 80% das pessoas eram favoráveis ao direito de escolha dos pais e da canalização do dinheiro para a escola escolhida. Certo de que seria uma vitória fácil, entrei de coração e alma (e um bocado de dinheiro) na campanha pelas escolas vouchers.

Para minha surpresa, depois de valentes esforços, perdi feio em novembro de 2000. O CTA e o NEA (sindicatos dos professores) fizeram de tudo para vencer. Convocaram os professores em massa, gastaram 100 milhões de dólares e, para piorar as coisas, os pneus de meu carro foram rasgados duas vezes, meu escritório foi invadido e meu material de campanha, roubado.

Barry Hutchison, que assumiu as relações públicas da campanha, comparou a situação a um circo:

– Você não sabe para qual lado deve olhar nem se o que vê é verdadeiro.

Ainda assim, aquela foi uma experiência incrível, e, embora a iniciativa não tenha se concretizado, consegui realizar o número 66 de minha lista de desejos: mudar uma lei. Em maio de 2002, a Suprema Corte dos Estados Unidos considerou as escolas vouchers uma opção viável para os estados que optassem por elas.

Em um desdobramento, conheci o senador John McCain durante um evento de Ted Forstmann em Aspen e lhe expus os benefícios das escolas vouchers. Mais tarde, em um debate com o então candidato à presidência Barack Obama, o senador levantou esse assunto. Nos encontros que tive com os dois presidentes Bush, os ex-governadores da Califórnia, Pete Wilson e Arnold Schwarzenegger, e muitos outros políticos poderosos, sempre falei sobre as escolas vouchers. Acredito que, um dia, o sistema será adotado. Apesar do fracasso da campanha, confio que a discussão possa contribuir para uma reestruturação da educação, de modo que os pais tenham escolha, e escolas e professores dependam de um bom desempenho para alcançar o sucesso.

NÚMERO 25: VISITAR 100 PAÍSES

Visitar 100 países é um objetivo que tenho desde que meu pai administrava o Programa das Nações Unidas para o Desenvolvimento e me disse ter visitado 110 países. Imaginar diferentes terras e culturas me deu vontade de viajar. Eu precisava ver outros lugares. No momento em que escrevo este livro, estive em cerca de 70 países, e as experiências que já vivi, apenas pelo fato de estar aberto para esse nosso vasto e variado mundo, foram muito valiosas! Vou contar histórias sobre alguns países que visitei.

China

Quando administrava o Programa das Nações Unidas para o Desenvolvimento, meu pai me levou a Pequim, na China, e a Ulan Bator, na Mongólia. Sua intenção era obter dinheiro da China para o programa impedir que os mongóis morressem de fome no inverno seguinte. O muro de Berlim havia sido derrubado, e a antiga União das Repúblicas Soviéticas Socialistas (URSS) estava dissolvida. Assim, o apoio que vinha de lá para a Mongólia não estava mais disponível. Se o programa não ajudasse, muita gente morreria de fome.

A Mongólia é fascinante. Vimos povos nômades que carregavam as tendas no lombo de iaques e, ao mesmo tempo, caçavam e armazenavam comida para o inverno. Construída em volta de um matadouro, a cidade de Ulan Bator cheirava a morte. Os prédios do governo, cinzentos e monótonos, seguiam um estilo soviético, bem como o comércio, permitido somente aos domingos de manhã, das 10 horas ao meio-dia. Eu me lembro bem de uma velhinha em pé, atrás de um tabuleiro com três botões, à espera de que alguém comprasse a mercadoria dela. Quando nos encontramos com o presidente da Mongólia, meu pai lhe disse que devia abrir os mercados a semana inteira, tornando o país melhor para o povo. Já estávamos indo embora quando o presidente me falou em voz suplicante, quase desesperada:

– Volte aqui para ajudar meu país.

Ainda não voltei, mas planejo ir lá um dia.

A viagem à China foi ainda mais interessante. Pelo fato de meu pai ser um visitante VIP, recebemos tratamento especial. No aeroporto de Pequim, fomos recebidos por uma comitiva de soldados que nos conduziu ao único carro que vimos durante toda a viagem. Percorremos a única estrada asfaltada à vista e ficamos hospedados no único hotel internacional da cidade: o Friendship Hotel. As pessoas pedalavam bicicletas e comercializavam vegetais que carregavam em cestas de palha trançada – os chamados "chapéus chineses".

Atualmente, no entanto, Pequim tem estradas e anéis rodoviários até onde a vista alcança, tráfego intenso e milhares de hotéis internacionais de altíssimo nível. Algumas bicicletas ainda circulam pelas ruas, e há deliciosos restaurantes e mercearias por toda a parte.

Voltei à China quinze anos depois, em uma missão de reconhecimento, e tive oportunidade de conversar com o Ministro das Finanças.

– Você deve investir em nosso país – ele disse.

Respondi com a história que tinha ouvido, sobre uma fábrica de chocolate que um americano abriu na China. Quando gerava 90 milhões de dólares anuais em vendas, a fábrica foi nacionalizada pelo governo.

– Por que eu investiria aqui se o governo pode me tomar a empresa?

Em resposta, o ministro me pediu sugestões para atrair investidores estrangeiros, e eu lhe expliquei:

– É preciso garantir que os primeiros investidores encontrem facilidade de repatriar o dinheiro investido. Assim, a notícia se espalha, e eles é que vão atrair novos investimentos.

Esqueci a conversa, e somente voltei à China quando inauguramos o fundo DFJ ePlanet, em 1999. Tínhamos levantado dinheiro com o governo de Cingapura, e uma das primeiras contratações foi Finian Tan. Partiu dele a ideia de investir na China.

Na época, tudo que se ouvia falar da China era deprimente. A mídia norte-americana nos fazia acreditar que lá não havia infraestrutura, que as pessoas não eram confiáveis, que o governo tomava toda empresa que tivesse algum valor e que os empresários chineses roubavam ideias desenvolvidas nos Estados Unidos.

Voltei à China levando na bagagem aquelas notícias tendenciosas. Dessa vez, porém, guiado por Finian e o que vi em Xangai, fiquei inspirado a superar tudo aquilo e a considerar a possibilidade de fazer alguns investimentos lá.

Íamos de Xangai a Hangzhou, em uma longa viagem de carro que já durava duas horas e prometia levar outras duas. Entediado, ao olhar pela janela, vi algo pouco usual: fileiras e fileiras de casas de concreto, com a cobertura inclinada, e caminhos de entrada malcuidados se estendiam por quilômetros. Apenas uma das casas tinha janelas azuis, um pináculo dourado na cobertura e o caminho de entrada bem cuidado. Mais adiante, havia outra e mais outra. Concluí que a China estava se modernizando e que a cultura também se transformaria, do comunismo puro, quando todos eram iguais e viviam na miséria, para um livre mercado, no qual cada um queria se comparar ao vizinho rico. Esse tipo de situação foi retratado em filmes americanos, mas, nesse caso, mudaram os nomes das famílias – Hwang, Li e assim por diante, até alcançar mais de 1 bilhão de pessoas. "O vendedor de janelas azuis ganhará uma fortuna", pensei. Em seguida, viriam os pináculos para os telhados, as geladeiras, os computadores, os telefones celulares e o software. Decidi mergulhar no desconhecido e investir na China.

Quando chegamos a Hangzhou, conheci alguns funcionários do governo ansiosos para desenvolver "uma economia de livre mercado com características chinesas". Vi um centro de tecnologia em que atuavam engenheiros e cientistas muito bem capacitados.

Nossos primeiros investimentos na China foram em empresas das quais se dizia terem boas ligações com o governo. No entanto, descobrimos, que a estratégia seria eficiente com empresas de *private equity*, mas não em capital de risco. Perdemos quase todo o dinheiro investido naquelas "ligações com o governo".

Adotamos outra abordagem. Investimos em empreendedores jovens e dinâmicos dispostos a mudar o mundo, assim como fizemos no Vale do Silício. Eles pareciam ocupar as piores posições na China: com alma e sem ligações, sem dinheiro e com pouquíssima probabilidade de sucesso. Em nossa opinião, representavam esperança para o país e a expectativa de um enorme mercado novo. E gostamos de ser os primeiros. O primeiro que chega é o único por algum tempo e com quem todo mundo quer brincar.

Conhecemos todos os cérebros líderes em tecnologia de Pequim e Xangai e financiamos alguns, entre eles Robin Li, Nick Yang, Jason Jiang e Bin Tang. Esses empreendedores criaram a Baidu, a Kong Zhong, a Focus Media e a YeePay, enquanto muitos outros ajudariam, nos anos seguintes, a fazer do nome "Draper" um sinônimo de capital de risco na China. Conheci também Jack Ma, fundador do Alibaba, e, embora ele me parecesse um empreendedor apaixonado, nossa conversa se perdeu um pouco na tradução, e deixei de financiar os negócios dele. (Mais um para minha longa lista de fracassos.)

Na China, encontrei empresas similares a outras bem-sucedidas criadas no Vale do Silício e pude investir nelas. Consegui com que Robin Li, que estava iniciando a elaboração do plano de negócios da Baidu, incluísse neste a busca paga e nomes reais – ambos fundamentais para o sucesso da empresa. Fiquei sabendo da Clear Channel quando conheci o fundador Lowry Mays; assim, ao visitar a Focus Media, que era uma empresa semelhante, soube que devia investir nela. O sucesso da PayPal nos Estados Unidos significou para Bin Tang um bom sinal, e ele criou na China um sistema de pagamento chamado YeePay.

Robin Li foi um negociador duríssimo. Acreditamos que, ao investir 9 milhões de dólares por 28% da Baidu, estávamos pagando muito por pouco, mas esse foi o negócio que levei para casa, em um táxi com Robin e Finian, depois de uma acalorada discussão. Acontece que aqueles 28%, atualmente, valem muito mais do que 20 bilhões de dólares. É, acho que pagamos pouco.

A princípio, a China cresceu pela abertura e pela pouca regulamentação, mas, às vezes, funcionários do governo parecem esquecer a origem do sucesso do país. Acredito que isso aconteça quando o governo parece querer controlar e apertar as empresas com regulamentações, multas, taxas e impostos.

Por exemplo: o governo chinês fechou a YeePay por diversos meses, com base em novas regulamentações que obrigavam a empresa a pagar taxas altíssimas. Então, uma estatal forçou a venda da YeePay com um enorme desconto. No momento em que escrevo este livro, o governo sequer permite que o dinheiro saia do país, e a oportunidade de investimento em companhias chinesas pode estar em declínio. Enquanto isso, deixamos nosso dinheiro em compasso de espera. Se não podemos tirá-lo de lá, para que investir? Ainda assim, amo a China. Espero que o governo volte atrás e reintroduza o livre mercado. Afinal, fui o primeiro investidor de risco a aplicar lá, o que me permitiu apoiar algumas de suas grandes empresas e estabelecer os padrões de investimento no país.

Alemanha

No segundo semestre de 1997, eu estava em Berlim para a Mesa-Redonda Europeia de Tecnologia (ETRE), comandada pelo extraordinário mestre de cerimônias Alex Vieux. O painel de que eu participaria era "Capital de Risco. É o fim da Macarena?". Minha óbvia resposta a essa pergunta era:

– De modo algum. O capital de risco tem muitos anos de vida.

Mas aquela era minha primeira incursão na Europa, de verdade, e eu queria fazer algo memorável. Consegui um CD de Macarena e comprei um CD player alemão muito barato.

Meu plano era fazer a plateia dançar Macarena para responder à pergunta, mas precisava contar com meus colegas de painel. Primeiramente, fui ao encontro de John Schock, da Asset Management, que eu conhecia bem e acreditava ser capaz de aceitar a ideia.

– Tim, essa sua palhaçada não vai agradar àquela plateia conservadora. Não vou fazer isso de jeito nenhum.

Teimoso, procurei Pierre Lamond, meu amigo da Sequoia, que eu achava difícil de convencer.

– Ah, Macarena? – ele disse, começando alguns movimentos da dança.

Os europeus do painel me olharam animados e deram de ombros. Quando levei a ideia a Alex, ele me pareceu confuso, algo entre o pânico e o entusiasmo.

Diante da plateia de ternos escuros e cenhos franzidos, eu soube que estava fazendo a coisa certa. Aquele grupo precisava de uma sacudida. E eu precisava transmitir a ideia de que o capital de risco do Vale do Silício era diferente do que viam na Europa. Eram 13h30, e as pessoas tinham acabado de voltar do almoço. Depois de uma breve introdução de Alex – que é conhecido por não dar introduções breves –, subi ao palco e sugeri que todos se levantassem e se alongassem, para se recuperarem do sono após o almoço. Os 250 engravatados se entreolharam e, para minha satisfação, ficaram de pé.

– Muito bem – eu disse. – Agora estendam o braço esquerdo.

Com todos em posição, liguei o CD player, e todos começamos a dançar. Encerrada a música, concluí:

– Alex, não é o fim da Macarena, com certeza, e o capital de risco está apenas começando, em especial aqui na Europa.

Desde esse dia, a plateia da ETRE é uma de minhas preferidas. Os presentes sempre esperam o inesperado, então escrevi duas músicas para cantar nessas ocasiões: *The riskmaster* e *Take my money* ("O mestre do risco" e "Pegue meu dinheiro", em tradução literal). Pouco depois do ataque ao World Trade Center, com as pessoas ainda em choque, solicitei aos espectadores que dessem as mãos e dissessem palavras positivas aos colegas ao lado. Na ETRE de Estocolmo, logo depois do colapso da hipoteca, defendi o livre mercado contra o alarido pela regulamentação.[1] Em tudo e por tudo aprecio esse longo relacionamento com a plateia da ETRE, e a organização tem me ajudado a explorar o continente europeu com gosto e entusiasmo!

Cingapura

Sempre tive uma forte ligação com Cingapura. Embora fique a 17 horas de voo do Vale do Silício, Cingapura está alinhada aos Startup Heroes no que se refere ao progresso. Minha experiência começou quando Finian Tan, que na época trabalhava para o governo, me ligou para dizer que gostaria de investir 100 milhões de dólares do fundo soberano de riqueza de Cingapura – o GIC – na Draper Fisher Jurvetson ePlanet Ventures. Ficamos tão impressionados com Finian que, meses depois, nós o contratamos para administrar o escritório da Ásia. Abrimos um escritório em Cingapura e trabalhamos duro para dar ao GIC um ótimo retorno em meio ao que se revelou um ambiente desafiador para o capital de risco.

Por meio daquele relacionamento, conhecemos o então vice-primeiro-ministro (hoje presidente), Tony Tan. Tony e o filho, Peter, se envolveram em meus esforços para levar a Biz World a muitas escolas de Ensino Médio do país. Mais tarde ele me convidou para fazer parte do Gabinete de Liderança Internacional do Conselho do Desenvolvimento Econômico de Cingapura, e eu aceitei. Lá, servi por dezoito meses como consultor de desenvolvimento econômico. Foi assim que conheci o primeiro-ministro Lee Kuan Yew, criador e líder do milagre de Cingapura. Ele conduziu o país por quarenta anos de prosperidade

---

[1] A propósito, ainda hoje pouca gente sabe que o governo dos Estados Unidos foi responsável pelo colapso financeiro. O governo disse aos bancos que emprestassem aos tomadores de alto risco, de modo que todos pudessem ter casa própria, e os empréstimos estariam garantidos. Isso convenceu os bancos, e eles cumpriram as instruções. Atualmente, vejo que seria fácil prever o resultado. Quando os empréstimos inevitavelmente deixaram de ser pagos, o governo foi solicitado a honrar a palavra. De algum modo, criou-se a história de que a culpa era dos bancos, e que o governo teve "a bondade" de socorrer, mas isso era exatamente o que havia sido combinado.

e livre mercados e, embora tivesse mais de 80 anos de idade, mantinha a energia e a sagacidade.

O governo de Cingapura apoia com vigor a atividade empresarial. Durante um jantar, aproveitei a oportunidade de estar ao lado de Tony e sugeri a criação de um mercado de ações que operasse como uma grande corporação. O compartilhamento da propriedade podia ficar diretamente ligado ao desempenho dos investimentos no portfólio individual, e investidores estrangeiros somente pagariam tributos quando repatriassem o dinheiro para o país de origem. Ele deve ter gostado da ideia, porque entrou em ação. Na manhã seguinte, estava arranjado um café da manhã, quando me sentei entre o chefe da Comissão de Valores Mobiliários e o presidente da Bolsa de Valores.[2]

A administração de Cingapura se parece muito com a administração de uma empresa, sempre em busca de melhorias e em competição com outros países pelo capital e por cidadãos de impacto positivo. O sistema educacional e o sistema de saúde de Cingapura são os melhores do mundo. Meu encontro no café da manhã parece ter produzido resultados. No momento em que escrevo este livro, a ideia da grande corporação permanece intocada, mas a Bolsa de Valores trabalha para tornar negociáveis as empresas privadas.

Nigéria

Um de meus estudantes mais promissores era Toro Orero, da Nigéria. Sensível e dinâmico, Toro queria criar em seu país um ecossistema semelhante ao da Draper. Havia algo de poderoso em sua missão, e ele transpirava o gosto e o entusiasmo que eu sabia serem necessários para que alguma coisa acontecesse na África. Para apoiá-lo nessa missão, resolvi investir em seu fundo de capital de risco. Depois de cerca de nove meses, Toro me convidou a visitar Gana,

---

[2] Imagine como seriam grandes os Estados Unidos se esse tipo de eficiência acontecesse no governo.

Acra e Lagos, na Nigéria, para duas conferências. As pessoas me aconselharam a não ir, temerosas pelo cenário perigoso que a mídia norte-americana pintava sempre que se referia à Nigéria. Ao perceber que eu estava determinado, minha leal assistente Karen cuidou de minha proteção. Em Lagos, fui recebido por dois carros pretos grandes, em que quatro sujeitos exibiam metralhadoras pela janela. Muito eficientes, mas, segundo acredito, totalmente desnecessários. Se fizeram alguma coisa, foi chamar toda a atenção para mim e me colocar em uma posição de possível alvo.

As conferências, às quais Toro deu o nome de Speed Africa, foram espetaculares. Visitei Acra na companhia de mais de 50 empresários incríveis, e a liderança de Toro, sempre divertida, conferiu à África um inédito espírito de mudança e dinamismo.

Há muitos anos, fiz um investimento na Pagatech, um sistema de pagamento voltado para os nigerianos sem acesso a serviços bancários, e aproveitei a oportunidade para visitar Tayo Oviosu, diretor executivo e fundador, e ver como andava a empresa. Ele me levou para um passeio pelas áreas mais pobres de Lagos e me mostrou um sistema de financiamento que eu custava a entender: agentes da Pagatech pegavam o dinheiro das pessoas e pagavam as contas para elas. A alternativa seria enfrentar horas e horas de fila para pagar contas de água, eletricidade ou internet, de modo que esses serviços não fossem cortados.

A expedição africana me levou ao que espero ser um importante investimento na BitPesa, um sistema de pagamento pan-africano por meio de *bitcoin*. A África, assim como a China nos anos 1990, é um território não mapeado para o capital de risco. Sem regras e regulamentações, as oportunidades para o empreendedorismo estão em toda parte. Da mesmo forma como uma *startup*, a África tem o benefício de ter pouca infraestrutura e ausência de regulamentação; se a situação fosse diferente, as inovações ficariam prejudicadas. Assim como a China pulou o telefone fixo e foi direto para o smartphone, a África vai pular os bancos e ir direto para a criptomoeda.

Muitas outras experiências e visitas a países foram esclarecedoras, mas basta dizer que viajar tem sido bom para mim, e vai ser bom para você, à medida que seus negócios se expandirem e você se tornar um Startup Hero.

NÚMERO 70: LER MIL LIVROS

Meu "sonho de consumo" é ler muito. O número poderia ser 100 ou 1 milhão, mas mil correspondem a 20 livros por ano durante 50 anos. Embora eu tenha passado de 300, devo reconhecer que não mantive o ritmo e não estou nem perto do estudioso que gostaria de ser. No entanto, já li bons livros em quantidade suficiente para recomendar esta lista a quem esteja a caminho de se tornar um Startup Hero:

Duna, de Frank Herbert.

O jogo das startups – Por dentro da parceria entre os investidores de risco e os empreendedores, de William Draper.

Bionomics, de Michael Rothschild.

Fundação, de Isaac Asimov.

Como fazer amigos e influenciar pessoas, de Dale Carnegie.

Homem e superhomem, de George Bernard Shaw.

De zero a um: o que aprender sobre empreendedorismo com o Vale do Silício, de Peter Thiel.

Harry Potter e a Pedra Filosofal, de J. K. Rowling.

A física do futuro, de Michio Kaku.

Moneyball: o homem que mudou o jogo, de Michael Lewis.

The botany of desire, de Michael Pollan.

The epiphany, de Cree Edwards.

... e este livro que você está lendo agora! *O bilionário que cria bilionários*, de Tim Draper.

Repare que a lista não inclui muitos livros sobre negócios. Um Startup Hero deve ser bem-informado e entender pessoas, filosofias e culturas; compreender a mente humana e saber de que é capaz. A leitura não deve se restringir à sua área de atuação. Reserve tempo para ler. Startups Heroes leem!

NÚMERO 22: COMPRAR UMA LANCHA

Machucados na sala de reuniões

Comprei uma lancha. Além das inúmeras aventuras que me proporcionou, ela me ensinou o cuidado necessário a um bom capitão. Esta história aconteceu antes que eu aprendesse essa lição.

Às 22 horas mais ou menos, minha irmã avisou que havia perdido a balsa de Long Island para Fire Island, onde nossa família passava as férias. Resolvi buscá-la e chamei meu filho e meu pai para me acompanharem. Eu tinha muitos verões de experiência como capitão, mas à noite tudo fica um pouco diferente. Era preciso cruzar a baía Great South até a boia vermelha e, de lá, seguir em direção ao cais da balsa. Em meio ao vento fresco, na noite calma e escura, a embarcação cortava a água como uma faca. Atento ao trajeto, tinha certeza de que a boia estava por perto.

Ao avistar o que me pareceu uma alga marinha bastante comprida, acelerei por pura diversão. Mas me enganei. Tarde demais, descobri o que era.

– TERRA! – gritei.

A embarcação voou por trinta metros sobre um banco de areia e alguns juncos altos e parou bruscamente. Meu filho resmungou alguma coisa a respeito de dor no pé e, então, gaguejou:

– Vovô m-m-morreu!

Meu pai foi de cabeça e bateu direto na porta de ancoragem. Ele não se mexia. Eu o sacudi.

– De jeito nenhum! – gritei. Não era hora de partir ainda.

Ele começou a mexer os pés, depois os braços, e balbuciou palavras sem sentido.

– Viu, Adam? – falei aliviado. – Ele está bem.

Depois de pedir socorro pelo rádio, fomos salvos pelo Sea Tow, um serviço de reboque aquático, que chegou a quebrar um cabo ao se esforçar para nos puxar de volta. Eles nos levaram de volta a Fire Island, um vez que o barco ficou imprestável. Em casa, papai tomou um banho e chamou todos, inclusive a horrorizada babá, para ver o enorme machucado que tinha nas nádegas. Talvez ele ainda estivesse um pouco confuso por causa da pancada na cabeça, mas estávamos todos acostumados com seu jeito extrovertido e acreditamos que tudo ficaria bem. Felizmente, ele estava de volta à quadra de tênis na manhã seguinte, contando a todos sobre o acidente.

O escritório do diretor executivo West Shell, da Netcentives, era todo envidraçado e ficava no segundo andar, de onde era possível ver todas as instalações da empresa. Duas semanas depois do acidente, meu pai foi visitar West e contou a história do acidente. Para enriquecer o relato com alguns pontos de exclamação, desceu as calças e disse:

– Veja.

Novamente em casa, ele contou à minha mãe o que tinha feito. Ela começou a rir.

– Mas Bill, o machucado já sumiu!

Nos anos seguintes, sempre que me encontrava com alguém que era empregado da Netcentives na época, ouvia comentários sobre o dia em que meu pai "se revelou" ao diretor executivo.

Às vezes, gosto e entusiasmo podem causar problemas, mas é como diz meu pai:

– Quando alguma coisa der errado, pense na boa história que vai render mais tarde.

NÚMERO 1: PARTICIPAR DE UM PROGRAMA DE TELEVISÃO

Antes que eu reorganizasse a lista de desejos, o primeiro era correr uma maratona.

Startup U

Meu contato com Hollywood se dava apenas por meio de minha irmã, Polly Draper, estrela da série de televisão *Thirty Something*, além de interpretar outros papéis. Mais tarde, criou o filme *The Tic Code* e, depois, o sucesso da Nickelodeon *The Naked Brothers Band*, que girava em torno de seus filhos, Nat e Alex Wolff, com pequenas contribuições minhas e de meus filhos. Minha filha Jesse, por exemplo, tinha um papel importante como babá dos meninos. Eu era Schmoke, um diretor de escola meio doidinho.

Ao ajudar Polly com o aspecto empresarial dessas obras, aprendi um pouco sobre os prós e os contras de Hollywood e descobri que lá o dinheiro entra, mas não sai – assim como no buraco negro e na letra da música *Hotel California*.

Um exemplo disso foi quando aprendi, na prática, que um provedor monopolista, por incrível que pareça, opera como uma empresa. Certos de que os programas voltados para o empreendedorismo fariam grande sucesso, resolvemos criar um *reality show* chamado *Startup U*. Sempre achei que seria divertido participar de um desses e, durante dez anos, visitei estúdios e produtores, fazendo sugestões para espetáculos, de comédias a competições e *game shows*, sempre ligados a meu setor de atuação. Mas foi somente quando recebi um telefonema de Mike e Tim Duffy, do Ugly Brother Studios, que o show de empreendedorismo se concretizou.

Mike e Tim se mostraram incríveis. Quando soube que eles eram produtores profissionais oriundos de grandes estúdios e que pretendiam empreender por conta própria, a ligação foi imediata. Eles conseguiram visualizar as coisas extraordinárias que podiam fazer com as histórias de uma escola incomum e estimulante, e decidimos trabalhar juntos na criação de um *reality show* em torno da Draper University. Adorei a ideia de trazer a fama para a instituição de ensino e mostrar ao mundo que era possível atender às necessidades dos estudantes que vão moldar o século 21.

Vendemos a ideia para a ABC Family, uma rede que acreditei ser capaz de promover maior alcance, chegando a um público mais numeroso por meio da ABC, a empresa-mãe. Depois de certa turbulência, com a substituição de elementos da equipe, finalmente recebemos o "sinal verde" para a produção do programa.

Foi tudo muito divertido. A fim de manter a situação administrável, selecionamos dez estudantes para os papéis principais e restringimos a lotação da classe a 30. Combinamos talentos excepcionais, inclusive Erin Brady, ex-miss Estados Unidos, e Tony Capasso, seu marido na época; Ana Marte, estrela do Instagram; Sharon Winter, empreendedora social; e David Kram, o rei da distribuição de maconha para fins medicinais. Entre os palestrantes, estavam os fundadores de Lyft, SolarCity, Airbnb e outras empresas conhecidas, além de Michelle Kwan, Jane Buckingham e a própria "Valley Girl", Jesse Draper.

Os estudantes apresentaram uma vasta relação de empresas interessantes, e concordei em investir nas três melhores, esperando que a visibilidade as ajudasse a "decolar". A equipe fez um trabalho extraordinário, e o programa ficou maravilhoso. Tínhamos certeza de haver criado algo especial; quando foi ao ar, a expectativa era grande. Os estudantes participaram de atividades variadas, do drama à comédia. Avaliamos em 7 milhões de dólares o gasto da ABC Family, somente com a produção, enquanto menos de 50 mil dólares foram destinados ao marketing. Talvez a ABC Family soubesse de alguma coisa que desconhecíamos porque, pouco depois do lançamento, descontinuou os *reality shows* e mudou o nome da rede.

Embora o público do canal – jovens adolescentes, em sua maioria

– não fosse o melhor para aquele tipo de show, como estavam longe de definirem a carreira a seguir ou de se tornarem empreendedores, a audiência foi boa. A ABC Family exibiu os dez episódios, mas não divulgou nem fez uma segunda série. Acredito que o *reality show* seria um grande sucesso, desde que encontrasse seu público. A rede vendeu, recentemente, os direitos sobre *Startup U* para o History Channel da América Latina, e, quando fui a Monterrey, no México, todos queriam fazer uma selfie comigo.

– *Startup U! Startup U!!* – diziam.

Fiquei feliz ao ver que o programa tinha sido um sucesso. No entanto, depois da foto, quando eu dizia algo do tipo "Prazer em conhecê-lo", a reação não era das melhores. É que o programa tinha sido dublado em espanhol, e eles estranhavam minha voz!

Ganhando ou perdendo, fico satisfeito em ter tentado e sempre penso com carinho nos colegas de elenco, todos maravilhosos e capazes de grandes feitos. Acredito que o programa, mesmo com baixa audiência, nos ajudou a divulgar a Draper University.

NÚMERO 29: JOGAR XADREZ NO WASHINGTON SQUARE

Um belo dia, em Nova York, descobri que tinha duas horas para matar o tempo. Em vez de voltar ao hotel para organizar os e-mails, decidi realizar um de meus 101 desejos. Andei 60 quarteirões, do centro da cidade ao Washington Square, onde conheci um velhinho maravilhoso de barba grisalha encaracolada, usando sandálias muito gastas, que me convidou para um jogo de xadrez.

– São cinco minutos para cada um – ele disse, mostrando um relógio.

Logo percebi que seria mais difícil do que eu pensava. Com tempo ilimitado, sou um jogador razoavelmente bom, mas o relógio significava um desafio, de que ele a todo momento precisava me lembrar.

O homem era tão rápido quanto meu pai, quando fazia mágicas para mim. Em cerca de 20 movimentos, ele acabou comigo.

– Mais um – ele convidou em seguida.

Como havíamos combinado que o perdedor daria 5 dólares ao ganhador, logo vi que a tarde me custaria caro. Mesmo assim aceitei. Ao vê-lo perder um peão, pensei que o sujeito estivesse em minha mão. No entanto, em vez de fazer a jogada, ele se levantou calmamente, caminhou até uma árvore e urinou no tronco. A surpresa me desconcentrou, e, em quatro movimentos, ele me deu um xeque-mate.

– Mais um – ele sugeriu.

Talvez você queira perguntar em que essa história contribui para a formação de um Startup Hero. Minha resposta é simples: se estiver em dificuldade, experimente fazer algo inesperado.

PRÓXIMA PARADA: TOPO DO EMPIRE STATE BUILDING

Esse vai ser um desafio, porque, desde o atentado de 11 de setembro, ninguém pode ir ao topo do Empire State, a não ser os inscritos na corrida anual – a Annual Empire State Building Run-Up. Talvez eu precise correr outra maratona para realizar esse desejo. Seja como for, espero fazer com gosto e entusiasmo.

AVENTURE-SE

Explore o mundo com gosto e entusiasmo. Embora eu recomende com veemência a elaboração de uma lista de desejos, não recomendo que ela se torne uma obsessão. Alguns dos melhores momentos de minha vida aconteceram quando eu me aventurava ou enfrentava riscos.

Temos famílias amigas que passam férias conosco em Fire Island: os Chandlers, os Kiernans e os Shumways. Nossos filhos têm mais ou menos a mesma idade e cresceram juntos. As atividades que compartilhamos incluem jogos de tabuleiro, tênis, surfe de peito e pescaria, bem como atividades sociais e desafios.

Essas famílias estão sempre dispostas e fazem tudo com gosto e entusiasmo. Quando machuquei a mão direita antes de uma importante partida de tênis que chamamos "Torneio da Intimidação Amigável", Dave Chandler sugeriu que todos jogassem com a mão esquerda. Foi tão divertido que continuamos a usar a canhota mesmo depois de minha mão direita ter ficado boa. Certa vez, desafiei John Kiernan para uma corrida aquática de 6,5 quilômetros entre Fire Island e Long Island, e John Shumway concordou em nos acompanhar de barco, levando a filha adolescente e uma amiguinha dela. Tudo correu muito bem, até que, nos últimos 800 metros, fomos alcançados por um inesperado furacão. Continuamos a nadar, mas as ondas não nos deixavam avançar. É terrível dar 20 braçadas e descobrir que 10 delas foram na direção errada. Ainda assim, nenhum dos dois queria desistir. No entanto, o barco também enfrentava dificuldades e ameaçava afundar. John começou a entrar em pânico, e as duas meninas choravam. Ele, então, nos convenceu a abandonar a corrida a menos de 500 metros da chegada. Determinados, tentamos outra vez no ano seguinte com a filha de John Kiernan, que literalmente nadava em círculos em volta de nós. E conseguimos!

Gosto e entusiasmo podem representar desafios. Busque amigos entusiásticos e aventureiros para explorar o mundo com você.

QUESTIONÁRIO SOBRE GOSTO E ENTUSIASMO

1. Quem é a pessoa mais entusiástica que você conhece?
2. O que o impede de ser a pessoa mais entusiástica que conhece?
3. Qual foi sua maior aventura até hoje?
4. Que aventura você gostaria de viver para tornar sua vida mais plena?

5. Vá a um jogo de beisebol e torça entusiasticamente pelo time visitante.

ENIGMA DO GOSTO E ENTUSIASMO

Qual é a pontuação mais alta que você consegue no jogo de Scrabble, no primeiro movimento?

Tratar bem as pessoas

Pequenas coisas contam. Elas definem uma pessoa. Presenteie em dias especiais. Escreva notas de agradecimento. Ajude em apresentações e desafios. George W. Bush sempre escreveu notas de agradecimento a quem fez alguma coisa por ele e se tornou presidente dos Estados Unidos. As notas eram curtas, bem-humoradas e diretas. Reserve um dia da semana para redigir notas de agradecimento, seja por uma ajuda, uma festa ou um presente, por exemplo. Não importa se serão escritas à mão ou no computador, mas não demore para enviar. Tudo isso é parte da mentalidade de um Startup Hero. Tratar bem as pessoas não se resume a doar alguma coisa sem esperar retorno; é, sobretudo, reconhecer o bem que é feito tanto a nós quanto aos que nos cercam.

GINA

Gina Kloes, uma assistente de Tony Robbins, tornou-se uma das líderes mais requisitadas no mundo no que se refere a formar uma equipe. Ela nos inspira a sermos melhores. É professora titular da Draper University e já ensinou a grupos nos mais variados lugares, da África a Fuji. Minha mulher e eu conhecemos Gina há anos. Certa vez, ela nos levou para conhecer a Cryo Wave, em Manhattan Beach, onde cada um de nós ficou por três minutos em uma câmara de congelamento, para preservar nosso frescor. Quando nos mudamos para o bairro, ela nos deu pranchas de *bodyboard* e bolas de vôlei, como presente de boas-vindas, e sempre nos leva cestas temáticas em nossos aniversários.

Gina tem um jeitinho especial de lidar com as pessoas. Ela as inspira a serem melhores e as incentiva a experimentarem coisas novas, a superarem medos e dúvidas.

Gina trabalha incansavelmente na Draper University, às vezes das 8 às 15 horas. Conduz os estudantes por um processo que começa com uma dança ao sair da cama e os leva a revelar sua alma, ajudando na identificação de bloqueios mentais. O processo passa, também, por atividades como quebrar tábuas com as mãos e engolir fogo de uma tocha, por exemplo. Dessa forma, eles superam os medos e abrem os olhos para a própria capacidade. Gina se entrega. Até deixa de dormir para estudar problemas e dificuldades dos alunos. Tem muitas ideias para a melhoria da Draper University, e suas sugestões são isentas de julgamento.

What's your magical moment?, livro escrito por Gina, incentiva as pessoas a pensarem e a tirarem da vida o que há de melhor. Seja como Gina. Ela sabe tratar bem as pessoas. Escreve notas de agradecimento. Talvez devesse ser presidente.

COLEGAS DE TRABALHO E PRESENTES

Quando criei a Draper Associates, tinha ligações pessoais com a equipe e oferecia presentes personalizados, geralmente com uma história por trás. Novato no mundo dos negócios, eu estava satisfeito com o trabalho. Por sermos poucos, ficava fácil pensar em presentes que agradassem a cada um. Steve Jurvetson colecionava brinquedos; eu lhe dei uma caixa enorme com a etiqueta "Brinquedos do Steve". Em um ano especialmente difícil, em que Jennifer Fonstad precisou demitir os diretores executivos de três de suas quatro *startups*, eu lhe dei um machado dourado. Para a equipe financeira, dei uma composição que fiz com cédulas de diversos países. O gerente de relações públicas ganhou um megafone. Com o crescimento da empresa, porém, surgiu um problema. Como manter um toque pessoal?

Em uma de minhas viagens, trouxe da África um lindo baú. Mas minha mulher achou feio; disse que não queria aquilo em casa. Na época, o número de funcionários somente aumentava, seria impossível lembrar o aniversário de cada um. Por outro lado, o grande número de investimentos ativos no portfólio e de fornecedores de serviços fazia com que recebêssemos, em determinadas ocasiões, muitos presentes, que, na verdade, não eram para mim, mas para a instituição. Assim, juntei esses fatores e criei o "baú do aniversário". Todo brinde recebido pela empresa vai para lá, e cada aniversariante tem o direito de escolher o que quer pegar. Tem funcionado bem. Às vezes, alguém escolhe um iPhone ou uma garrafa de vinho caríssimo; em outras, um boné ou uma camiseta. Desse modo, consigo fazê-los se sentirem apreciados, ainda que os presentes sejam de "segunda mão", e acrescentar ao dia do aniversário um toque divertido e quase pessoal, sem a necessidade de muito esforço de minha parte.

Desde que nos mudamos para a Hero City, inventei outra comemoração de aniversário. O aniversariante pode subir no último degrau da escada, bater no escudo do Capitão América com o martelo de Thor e dizer: "Hoje é meu aniversário!" Em seguida, deve declarar o que os outros (e ele mesmo) devem fazer naquele dia. Já surgiram ideias do tipo "cantar para alguém" ou "sorrir para todos que cruzarem seu caminho".

Procuro, ainda, distribuir bombons e ursinhos de pelúcia no Dia dos Namorados, ou proporcionar uma surpresa nas férias, e esse processo favorece nossa relação. Ofereço passeios e viagens, escrevo poemas ou canções que incluam o pessoal da empresa e suas contribuições. Acredito que todos apreciam o esforço.

Tratar bem não é apenas dar. A condição de Startup Hero exige previsão. No caso das contratações, é preciso organizar a empresa para promover a igualdade. Tarefas similares não podem receber tratamentos diferentes. No caso de um funcionário receber mais dinheiro ou ações do que outro, é necessário haver uma lógica. Existem diversos níveis de uma função? Tempo de casa conta? Como se mede o desempenho? É preciso responder a todas essas perguntas antecipadamente, de modo que os novos contratados entendam o panorama geral e se sintam tratados de forma justa.

Outros assuntos que merecem especial atenção são: as necessidades de viagens e despesas; a compensação de dias de afastamento por motivos pessoais; o seguro-saúde; as questões relativas ao funcionário que pede para sair. O governo institui diretrizes (e leis) que o empresário deve seguir, mas é preciso ir além. O funcionário é muito mais importante do que isso. Crie maneiras de humanizar o trabalho e de tratar bem as pessoas.

QUESTIONÁRIO SOBRE MANEIRAS DE TRATAR BEM AS PESSOAS

1. Como vai organizar sua *startup*?
2. Como os funcionários serão compensados?
3. Como serão dispensados?
4. O que receberão, caso se desliguem voluntariamente?
5. Um funcionário que fez um excelente trabalho receberá prêmios em dinheiro ou em ações?
6. Haverá exceções?
7. O que você fará para que os funcionários se sintam especiais?
8. Telefone para sua mãe.
9. Digamos que você abra uma empresa com um sócio na base de meio a meio. Depois de seis meses, você descobre que ele decidiu fazer sociedade com outro empresário. Pense em seis maneiras de reorganizar sua empresa com uma separação amigável.

REFLITA SOBRE A COMPREENSÃO DE OUTRAS CULTURAS

$50 + 50 = 140$

Existe um planeta em que isso é verdadeiro. Quantos dedos os habitantes desse planeta têm nas mãos?

FAZER SACRIFÍCIOS DE CURTO PRAZO PARA ALCANÇAR O SUCESSO DE LONGO PRAZO

SACRIFÍCIO

Para obter sucesso no empreendedorismo, sua missão deve estar em primeiro lugar. Você não poderá fazer todas as coisas. Se um cliente solicita sua ajuda justamente no dia da final do campeonato de futebol de sua filha, você precisará cuidar do cliente. No entanto, este item do juramento não se refere a sacrifícios na família; é um guia para a tomada de decisões no trabalho.

Startups em fase de crescimento costumam exigir decisões difíceis. Devo pegar 5 milhões de dólares em uma respeitável empresa de capital de risco ou 15 milhões de uma corporação conhecida por se apossar de segredos comerciais? Devo contratar um amigo leal que é um codificador eficiente ou um desconhecido com eficiência excepcional, apesar de uma grande tendência a precisar de adulação? Devo aceitar a encomenda do cliente, na esperança de entregar a tempo, ou deixar o negócio para um concorrente e somente aceitar pedidos quando tiver absoluta certeza de conseguir entregar?

Os melhores empreendedores levantam dinheiro "limpo", contratam os melhores profissionais e marcam a remessa para quando é possível, mas não encontram tantas respostas precisas quanto gostariam.

A HISTÓRIA DE APOLLO COMPUTER E SUN MICROSYSTEMS

Este é um exemplo de como um empreendedor fez um sacrifício de curto prazo em prol de um ganho de longo prazo, embora tenha quebrado outras regras para garantir a vitória. Em meados de 1983, eu trabalhava como assistente de Charlie Specter, o presidente da Apollo Computer. Charlie acabava de receber um pedido enorme da Computervision – a maior até então, cerca de 25% dos negócios da Apollo, que era a líder do setor na época. Havia uma única concorrente: a Sun Microsystems, administrada por jovens com espírito ativo, vindos de Stanford. A Sun comercializava um produto menos poderoso e mais barato, e o volume de vendas correspondia à quarta parte da Apollo. No entanto, com o setor em crescimento, havia espaço para as duas.

Para a Apollo, a encomenda da Computervision representava uma excelente oportunidade. Para a Sun, era tudo! A equipe da Sun considerava o negócio decisivo para não ser esmagada pela Apollo, que estava de posse do pedido. Então, a Sun não desistiu e tomou uma atitude nunca antes vista: ofereceu-se para fornecer o material à Computervision a preço de custo e para transferir à compradora 5% de seu capital, desde que desistisse do negócio com a Apollo. Tratava-se de um sacrifício abrir mão de uma parte da empresa e dos lucros com aquela venda, mas o pessoal da Sun sentiu que, se não fizesse isso, a Apollo tomaria conta do mercado. A Computervision ainda fez contato com a Apollo, para saber se estaria disposta a ceder 5% de suas ações e vender os computadores a preço de custo, mas a resposta foi negativa, uma vez que tinha tecnologia superior, e o negócio estava encaminhado. Além disso, abrir mão de uma fatia da empresa era algo nunca visto!

A Computervision abandonou a Apollo e aderiu à Sun. A decisão proporcionou um incrível impulso à Sun, cujo volume de negócios dobrou, tornando as vendas quase equivalentes às da Apollo. Aquele pedido promoveu um enorme impulso e foi tão volumoso que os custos de fabricação caíram, barateando os preços e tornando-os mais baixos do que os da Apollo. Além disso, seu sistema operacional de código aberto (UNIX) tornou-se padrão no setor. Aquela venda foi responsável pelo sucesso da Sun. A Apollo continuou a crescer e virou uma empresa pública bem-sucedida, mas com uma forte concorrente.

A Texas Instruments (TI), que atravessou muitos ciclos de produtos no setor de semicondutores, fez algo semelhante com seus preços. Era prática comum concentrar-se em lucros de curto prazo: com altos custos, as empresas subiam os preços dos produtos; com o aumento no volume de vendas, os custos caíam, assim como os preços. Esse esquema do setor de semicondutores "castigava" os primeiros usuários dos produtos lançados e "premiava" os compradores tardios.

Chips são feitos em lotes. O processo envolve gravar um padrão em uma bolacha semicondutora, que depois é cortada em múltiplos chips. O "rendimento" corresponde ao número de chips em bom estado de cada bolacha. Na prática, o rendimento e o volume de vendas aumentam com o tempo, e os custos caem. Como o processo de fabricação de novos semicondutores exigia muitos equipamentos e o rendimento era baixo, as empresas buscavam recuperar o investimento o mais breve possível. Quem pagava por isso eram os primeiros compradores.

No entanto, a TI já tinha visto a situação se repetir muitas vezes e tinha capital suficiente para operar com prejuízo por um período. A empresa sabia que, com o tempo, o rendimento melhoraria e seria possível fabricar chips a um custo menor. Então, decidiu taxá-los com base em custos futuros, e não nos custos atuais. O preço mais baixo atraiu clientes. O aumento da produção melhorou o rendimento e fez os custos caírem o suficiente para gerar lucros. A estratégia se revelou um grande sucesso.

A TI e a Sun fizeram sacrifícios de curto prazo para alcançar o sucesso de longo prazo. Nos dois casos, deu certo.

TAMANHO CONTA: COMECE PEQUENO E ECONOMIZE TEMPO – TEMPO É DINHEIRO

Como Startup Hero, você precisa organizar seu tempo conforme suas prioridades. Talvez seja difícil, mas procure sempre qualificar suas atividades para ter certeza de usar o tempo com sabedoria. Faça "o trabalho de casa" em relação às pessoas com quem convive. Antes de avançar na negociação com um potencial cliente, faça perguntas. O cliente pode pagar? O pedido será grande? Quando será tomada uma decisão? Em quanto tempo o produto estará em uso?

Cuide primeiramente dos clientes menores. Eles costumam decidir mais depressa e lhe proporcionam a prática que será útil na abordagem de clientes maiores e mais complicados.

Da mesma forma, quando levantar dinheiro de um capitalista de risco, faça perguntas qualificadoras. Desde quando investe no fundo atual? O que sobra no fundo atual? Como são tomadas as decisões? Quanto tempo leva? De quanto é seu investimento padrão? Em quantos de seus investimentos a decisão foi sua?

Em tempos de "vacas gordas", capitalistas de risco têm muito dinheiro para investir em *startups*. Em tempos difíceis, eles desaparecem, e você precisa se arranjar com o que tem. Não permita que esse tipo de pressão afete o modo como administra seus negócios.

Meu conselho: levante o dinheiro, mas não o gaste. Quando lhe disserem "Faça mais negócios", responda:

– Somente quando o produto/mercado estiver pronto.

Muitas *startups* desperdiçam dinheiro. As melhores levantam o máximo possível de recursos, mas gastam apenas no que é necessário. Essa parcimônia é especialmente importante no período de desenvolvimento do produto. Algumas empresas contratam demais e gastam muito nessa fase, e esses funcionários extras acabam se tornando um sorvedouro de tempo e dinheiro. A empresa de um Startup Hero apenas começa a investir em marketing depois de conquistar alguns clientes e se satisfaz com as condições do mercado/produto. Somente então o tempo se torna essencial, e é preciso trabalhar depressa, para que a concorrência não consiga acompanhá-lo. Claro que a sobriedade deve prevalecer; quando o cliente se encanta com o produto, é hora de investir e ocupar o terreno.

CONTRATE DEVAGAR, DISPENSE DEPRESSA

Talvez o sacrifício de curto prazo mais importante a ser feito seja a dispensa de um funcionário inadequado para a empresa.

É preciso tempo quando se trata de trazer alguém novo para a *startup*, e não é fácil encontrar a pessoa certa. Fiz 75 entrevistas antes de conhecer Karen Mostes-Withrow, que se tornaria minha assistente pelos trinta anos seguintes... ou mais. Karen foi a melhor contratação que fiz na vida. É como se nossos cérebros estivessem ligados. Ela toma conta do que preciso fazer, mas não posso, prevê e supre as necessidades da empresa e tem me apoiado em momentos difíceis, tanto profissionais quanto pessoais. Eu me lembro de quando comecei a falar:

– Sabe aquele rapaz que...

– Sei, John Smith, da Acron Systems – ela completou no mesmo momento, sem que eu acrescentasse uma palavra sequer.

Mas também cometi erros de contratações, demissões e financiamentos.

Em minha carreira de capitalista de risco, precisei demitir diretores administrativos, fundadores, funcionários e sócios na DVN. Na maior parte dos casos, acredito na importância de agir rápido, de modo que a pessoa afastada possa procurar uma nova ocupação e que os boatos não comecem a circular. Tato e sensibilidade são indispensáveis, mas a decisão deve ter caráter definitivo. A regra de ouro é ressaltar os pontos positivos do indivíduo antes de explicar as razões do afastamento. E não pode haver espaço para discussões. A pessoa afastada deve ser levada a pensar em seus próximos passos, e não em meios de conseguir a função de volta.

Preste atenção a este cenário típico, em que um fundador deve ser afastado. O fundador, em geral, torna-se diretor administrativo (CEO). A diretoria decide – de forma certa ou errada – que precisa de um novo CEO, para atuar ao lado do antigo ou para substituí-lo. O interessante é que o segundo caso pode ser mais fácil de administrar, mas a empresa que perde o fundador frequentemente perde, também, seu coração e sua alma.

Eu geralmente mantenho o fundador da empresa como diretor administrativo pelo máximo tempo possível. Quando ele resolve contratar alguém de fora para a função, geralmente não dá certo: há incompatibilidade cultural; trata-se de alguém que repete estratégias já testadas, mas que deixaram de ser inovadoras; embora tenha uma ótima bagagem, o(a) contratado(a) não compreende as mudanças no mercado e na tecnologia.

No entanto, apesar de minha preferência por deixar que o fundador administre a empresa durante as dores do crescimento, devo reconhecer que, às vezes, existe a real necessidade de um novo CEO para liderar. Nesse caso, sempre ocorre uma reorganização, e a nova contratação pode ser decisiva para que a empresa se livre de certas "vacas sagradas" – pessoas ou hábitos cuja utilidade se esgotou – ou para entender melhor os processos de gestão.

A HISTÓRIA DO PALHAÇO QUE DEMITE

Sempre há exceções. Certa vez, minha regra "saiu pela culatra". Eu atuava como presidente de uma pequena empresa, cujos fundadores eram um jovem carismático e um conhecido dele, mais ligado à área técnica. O jovem parecia ligado "no modo vendas". A empresa vendia demais e entregava de menos. Nossa pequena diretoria decidiu contratar um líder que administrasse a equipe e as expectativas dos clientes. Chamamos um diretor administrativo experiente que, com entusiasmo, investiu a carreira e o dinheiro na empresa.

Os resultados foram péssimos. As vendas minguaram, faltou dinheiro, e todos ficamos sobrecarregados. Decidimos dispensar o diretor administrativo e fazer um pequeno investimento, em uma tentativa de recuperar a empresa com a equipe original. Era dia de

Halloween, e eu estava fantasiado de palhaço, mas precisava comunicar a decisão imediatamente. Chamei o CEO em questão e disse que ele estava dispensado. Foi surreal.

Comunicada a decisão, entrei no banheiro e vi no espelho minha assustadora cara de palhaço. Eu me lembro de ter pensado: "Isso não foi bom. Eu deveria ter esperado até amanhã, quando estivesse com outra roupa." Cerca de cinco anos mais tarde, o homem que dispensei cometeu suicídio. Ele enfrentava diversos problemas, mas não pude deixar de pensar que talvez tenha contribuído para sua ruína.

A HISTÓRIA DA SOCIAL TEXT

Ao contrário da história anterior, minha melhor experiência foi com um fundador mais maturo e equilibrado que, de início, resistiu à ideia de contratar alguém de fora como diretor administrativo. Ross Mayfield, um blogueiro e brilhante visionário, criou a Social Text, uma empresa que usa wikis (websites que permitem ao usuário colaborar em seu conteúdo e sua estrutura) para administrar uma empresa social. Depois de investirmos, encontramos alguns aspectos que não pareciam bons. Agendamos, então, uma reunião do conselho. No horário marcado, encontrei o escritório quase vazio. Ross tinha ido à Europa contratar programadores e nem se deu ao trabalho de cancelar o compromisso. Não fazia sentido ele não se comunicar, uma vez que o produto daquela empresa se destinava à comunicação virtual entre as pessoas. A equipe estava perdendo a confiança na possibilidade de sucesso da empresa. O conselho decidiu pela necessidade de contratar um novo diretor administrativo.

Eu disse a Ross que a decisão estava tomada. De início, ele argumentou, dizendo que merecia outra chance, mas, por fim, teve uma atitude extraordinária: cedeu e (como fazem alguns políticos) tomou a frente na busca. Com muitos seguidores na blogosfera, ele postou que procurava um novo CEO para dar impulso à empresa e acabou ajudando na contratação de Eugene Lee. A gestão conciliadora do contratado – alguns chamam de "estilo kumbaya" – revelou-se uma ótima solução.

A HISTÓRIA DAS REUNIÕES DA HARVARD *BUSINESS SCHOOL*

Gosto de usar minha turma na Harvard *Business School* como exemplo de sacrifícios de curto prazo para sucesso de longo prazo. Mantenho contato com alguns de meus ex-colegas de classe, mas a maioria vejo apenas de cinco em cinco anos, nas reuniões do aniversário de formatura.

Quando deixamos a Harvard *Business School*, em 1984, os formandos que pareciam saber exatamente aonde queriam chegar pegaram o caminho "seguro": entraram para as equipes de bancos de investimentos ou firmas de consultoria, com altos salários, ou foram contratados por grandes organizações, tais como Sperry Univac e Ford Motor Company. No aniversário de 5 anos de formatura, aqueles que haviam tomado caminhos relativamente seguros estufavam o peito de orgulho pelo sucesso. Enquanto isso, meu ex-colega Jerry Shafir, que resolvera abrir uma fábrica de sopas orgânicas, estava quebrado. Outro colega, Ron Johnson, aceitou trabalhar no ramo varejista, em uma função que nenhum portador do grau de MBA com algum respeito próprio aceitaria. Formado há cinco anos, raspava pedaços de goma de mascar do piso de lojas. Um terceiro colega, Steve Wiggins, lutava para lançar uma das primeiras organizações voltadas para a preservação da saúde as HMO – health maintenance organizations e também estava quebrado. Eu tinha inaugurado minha primeira empresa de capital de risco. Devia 6 milhões de dólares ao programa SBIC, dos Estados Unidos, que me cobrava o pagamento.

Na reunião comemorativa dos 10 anos de formatura, Jerry, Ron, Steve e eu ainda enfrentávamos problemas, mas as "apostas garantidas" não iam tão bem. A Sperry Univac desparecia rapidamente, e a Ford Motor Company via o Japão tomar sua fatia do mercado. Consultores e especialistas em investimentos viam suas carreiras sem perspectiva e se perguntavam se era aquilo mesmo que queriam da vida.

No encontro de 15 anos, Jerry estava vendendo muita sopa. Ron ocupava posição de destaque no setor varejista, trabalhava para abrir a primeira Apple Store e cuidar do setor de varejo da Apple Computer. A empresa de Steve, Oxford Medical, valia centenas de milhões de dólares, e minha empresa de capital de risco subia na curva do que seria o *boom* da tecnologia. Na reunião dos 20 anos de formatura, muitos dos que trilharam as rotas seguras pediam emprego a nós quatro.

Para mim, o fato de quem pegou o caminho seguro enfrentar problemas e de quem escolheu um caminho aparentemente arriscado, temerário, acabar "em segurança" representa uma ironia. O mundo muda muito rápido. Recomendo tentar visualizar o futuro e criar uma empresa que remeta a esse futuro. De início, talvez pareça loucura, mas você evitará ficar à mercê de outras pessoas, e sua decisão talvez venha a se revelar a mais sensata.

Faça sacrifícios de curto prazo em favor do sucesso de longo prazo. Sua vida provavelmente será longa, e é bom se preparar para isso.

QUESTIONÁRIO SOBRE SACRIFÍCIOS E SUCESSO

1. De suas decisões, quais foram tomadas com base em curto prazo e em longo prazo?
2. O que você fez?
3. Valeu a pena?
4. Quais decisões você prevê que precisará tomar?

5. Os benefícios de longo prazo compensarão os sacrifícios necessários de curto prazo?
6. Já precisou demitir alguém?
7. Qual foi sua abordagem?
8. Plante uma semente.

ENIGMAS DE CURTO PRAZO E DE LONGO PRAZO

Sua empresa tenta eliminar os concorrentes, e estes tentam tirar sua empresa do setor. Todo ano, cada um escolhe um alvo para perseguir, sendo que o alvo é sempre o mais forte, ou seja, a empresa que tem mais possibilidade de eliminar um concorrente. A primeira, a Astro Space Systems, tem 50% de chances de tirar alguém do negócio a cada ano. A segunda concorrente, a Base Space Labs, tem uma em três chances de expulsar sua empresa ou a Astro. Como sua empresa, a Creative Space, é uma *startup*, você tem apenas uma em quatro chances a cada ano de tirar seu alvo do mercado. Assim, o cenário muda anualmente, e é preciso esperar a poeira baixar para fazer alguma mudança. Qual das empresas tem mais probabilidade de sobreviver? Qual é a probabilidade de cada uma sobreviver?

Você tem 300 *tokens* físicos individuais de *bitcoin* e quer transportar a maior quantidade possível para um lugar a cem anos-luz de distância em um Spaceuber. No entanto, o capitão aceita somente dinheiro vivo, e você tem permissão de carregar apenas um máximo de cem *bitcoins* por vez. Além disso, o capitão cobra adiantado um *bitcoin* para cada ano-luz percorrido. É permitido carregar e descarregar *bitcoins* com segurança para qualquer lugar. Qual é o máximo de *bitcoins* que você pode transportar desde o ponto de partida até o ponto final?

Perseguir a justiça, a receptividade, a saúde e o prazer em todas as situações... Especialmente o prazer
(E depois dançar)

JUSTIÇA

Justiça. Empreendedores precisam perseguir a justiça. As melhores empresas são sempre justas. Justas com a sociedade, os clientes, os acionistas, os fornecedores e os funcionários. Todos os funcionários devem entender os sistemas de pagamento e incentivos e precisam saber como obtê-los. Para os funcionários, isso pode ser mais difícil do que parece. Alguns acreditam que justiça significa salários iguais para todos, mas isso não se aplica a quem falta constantemente ao trabalho ou a quem se dedica intensamente a fazer uma grande venda. Há quem se refira à justiça como uma espécie de meritocracia, na qual as "estrelas" ficam com o dinheiro, enquanto os "menores" não recebem nada. O fato de os resultados obtidos pelos funcionários apresentarem variações ao longo do tempo pode gerar insatisfação. Aquele que estrelou em determinado mês pode cair no buraco negro no mês seguinte. Também há quem acredite em ações ou opções como recompensa. Esse sistema pode funcionar como motivação de longo prazo, mas ações e opções geralmente não têm liquidez, e as pessoas têm bocas para alimentar.

Quando se trata de premiar com justiça, muitos pontos entram em cena. Quanto valor você dá aos funcionários que construíram a empresa? E quanto valor dá à atual equipe, que levará a empresa adiante? Quanto paga pela experiência? Quanto vale a memória institucional? Quando se trata de decidir, qual é o peso da comparação com outras empresas do mesmo setor? E qual é o peso das necessidades pessoais (hipotecas, escolas particulares etc.)?

Consigo pensar em quatro recursos para promover a justiça no pagamento dos funcionários: salário (ou remuneração por horas trabalhadas), comissões, bônus e ações.

O salário é o meio mais comum de manter todos alimentados e o financiamento imobiliário ou o aluguel em dia. Também deve ser suficiente para que o funcionário não precise se preocupar a todo momento se o leão do imposto de renda ou a companhia do cartão de crédito estão em seu calcanhar. Deve ser suficiente, ainda, para que ele se sinta bem tratado. Já vi pessoas fazerem loucuras para sobreviver. Um conhecido lutava *cage fighting* para complementar a renda; soube de uma moça que processava pessoas para, depois, tomar dinheiro delas, com a promessa de desistir da ação; e outro conhecido vendeu o carro e os computadores, e, assim, não conseguia sair muito nem trabalhar em casa. Essas três pessoas deveriam ter contado ao empregador sobre os problemas que enfrentavam. Qualquer que seja a situação, os bons patrões, em sua maioria, buscam maneiras de manter os funcionários felizes e saudáveis. Startup Heroes levam os salários a um nível que satisfaça às necessidades fundamentais de seu pessoal.

A comissão é melhor para motivar a equipe de vendas, mas também pode ser um bom meio de favorecer a colaboração quando a empresa precisa que todos os setores estejam focados no cliente. Em determinado ano, a Toyota exagerou na fabricação e encontrou o pátio da fábrica cheio de carros que não passavam para as mãos dos compradores. O presidente da empresa, então, disse que a equipe de vendas passaria a incluir todos os funcionários. Mecânicos, equipe de apoio e montadores seriam vendedores, até que dessem baixa no estoque. Funcionou. Não apenas os carros foram vendidos, como todos os funcionários tiveram oportunidade de entender o gosto dos compradores e trouxeram sugestões para o projeto e a execução de novos modelos. Os melhores planos de comissões são aqueles que fazem sentido para os funcionários. Quando ainda era uma *startup*, a Apollo Computers tinha um plano de aceleração com base em comissões. Segundo esse plano, quem atingisse a cota recebia 5% a mais; quem dobrasse a cota, 10% a mais; e acima disso, 15%. Diferentemente, a HP, uma empresa mais consagrada, oferecia 2% a mais pela cota e 1,5% para qualquer número acima da cota. Ambos os esquemas faziam sentido. A Apollo, que pretendia crescer rapidamente, considerava importante qualquer movimento com esse objetivo. A HP desejava que os funcionários atuassem em segurança e evitava tudo o que pudesse incentivar disputas entre eles.

Um bônus pode representar um ato de justiça quando alguém faz um trabalho extraordinário. Como alguns funcionários custam a entender o sistema de bônus, os diretores administrativos são muito cautelosos ao aplicá-lo. Às vezes, no planejamento para o ano seguinte, eles especificam cinco diretrizes a serem cumpridas por todos os funcionários; os bônus ficam para as realizações extraordinárias ou para a categoria "outros". No final do ano, esse roteiro é utilizado para a avaliação.

Para funcionários do departamento financeiro, por exemplo, as diretrizes podem ser:

1) Foco nos relatórios. Cuidar para que a equipe executiva produza relatórios adequados.

2) Foco na tecnologia. Cuidar para que a equipe empregue a melhor tecnologia para produzir os relatórios necessários.

3) Foco na economia. Cuidar para que a equipe não ultrapasse o orçamento nem contrate consultores para tarefas que os próprios funcionários podem cumprir.

4) Foco no trabalho em equipe. Cuidar para que a equipe sinta prazer em trabalhar com o funcionário e que haja respeito mútuo.

5) Foco no inesperado. A categoria "outros" permite um desvio do caminho, caso surja uma situação inesperada que precise de mudança.

Para funcionários do departamento de marketing, as diretrizes seriam outras:

1) Foco nos usuários. Cuidar para que o mercado do produto cresça.
2) Foco no suporte para as vendas. Cuidar para que a equipe de vendas tenha tudo de que precisa.
3) Foco na beleza. Cuidar para que o produto seja bonito.
4) Foco nos clientes. Cuidar para que os maiores clientes estejam completamente engajados, e que o produto se torne muito importante para eles.
5) Foco no inesperado. Cuidar para que a empresa não perca nenhuma oportunidade.

Financiei empresas baseadas em metas e posso dizer que as metas são irrelevantes quando se alcança o sucesso. Dê condições aos funcionários de pensarem por si e de tomarem decisões boas para a empresa, sem se preocuparem apenas com números.

Talvez as ações sejam o melhor e mais justo fator de motivação. A ação representa a propriedade da empresa, e o dono pensa muito diferente do funcionário. Essa diferença é como o que acontece entre locador e locatário. Mostrarei o contraste entre Tom Ford, dono de imóvel, e a Kappa Alpha House, na Universidade de Stanford, onde morei.

TOM FORD *VERSUS* KAPPA ALPHA

Eu me lembro de andar ao lado de Tom Ford pela Sand Hill Road, nº 3000, que era, na época, o endereço mais famoso para capitalistas de risco. (Atualmente, pode-se dizer isso de Rosewood ou da Hero City, em San Mateo, Califórnia.)

Ao reconhecer que os amigos capitalistas de risco ficavam ricos, gostavam de estar próximos e tinham poucos funcionários, Tom construiu quatro prédios com escritórios muitos pequenos, que podem ser ocupados por equipes pequenas. Os escritórios são luxuosos e bem equipados, mas os prédios são amplos e simples, de modo que os usuários tenham espaços próprios e, ao mesmo tempo, sintam-se parte de uma comunidade.

Quando Tom começou a oferecer o espaço a capitalistas de risco, houve certa resistência. Afinal, os prédios ficavam em uma colina no meio do nada. A maioria – meu pai, inclusive – preferia continuar em Palo Alto, um endereço que conferia mais status. Enquanto Palo Alto era considerada uma das grandes cidades da península, ninguém tinha ouvido falar de Menlo Park. Mas Tom insistiu, até convencer alguns importantes capitalistas de risco a se mudarem para Sand Hill Road.

Aquele passou a ser o "reduto" dos capitalistas de risco, ao qual a imprensa frequentemente se referia como equivalente a Wall Street. O bem-sucedido empreendimento provavelmente vale, atualmente, cerca de 1 bilhão de dólares. Tom mostrou com orgulho a propriedade e me pediu sugestões para tornar o local mais atraente. A caminhada ao lado dele pela Sand Hill Road foi esclarecedora. Por quatro vezes, ele se abaixou para recolher pontas de cigarro, além de notar e registrar na memória um ralo amassado e 1 centímetro quadrado de vidraça inadvertidamente coberto de tinta de parede. Reparou, até mesmo, em um carro de locatário estacionado na área reservada aos visitantes. Tom é um dono. E dos bons. Donos pensam como donos. Pensam no longo prazo. Trabalham para satisfazer os clientes, e detalhe algum deixa de receber imediata atenção.

A fraternidade Kappa Alpha House, que oferecia alojamento para estudantes no *campus* da Universidade de Stanford, funcionava de maneira diferente. Éramos 40 rapazes, e cada um pagava 300 dólares por mês para morar em uma construção de estilo semelhante à de Sand Hill Road, nº 3000. No entanto, éramos apenas inquilinos, sem intenção de permanecer no imóvel por um longo período. A cada três meses, trocávamos de quarto. Se o presidente da fraternidade fizesse uma caminhada em volta do alojamento, a conversa seria mais ou menos esta:

– Aqui é o telhado de onde atiramos bolas de golfe no lago. Aquela vidraça está quebrada porque não temos boa pontaria. Este buraco na parede foi causado por um morador que bateu com um esqui na parede para acordar o vizinho de quarto. Aqui é onde se amontoam os travesseiros nos dias de festa, para sobrar mais espaço livre. Aqui fizemos uma construção de toras de madeira e cimento para encaixar uma banheira de hidromassagem, mas isso foi há alguns anos, por isso está mofada. Estes rasgos no carpete apareceram porque um morador gosta de levar a motocicleta escada acima, para guardá-la no banheiro.

Dá para imaginar esse cenário. Não nos apossamos do prédio. Não pensávamos em reparos ou substituições, muito menos nos próximos ocupantes.

No caso das *startups*, a posse tem o mesmo efeito. O dono pensa em meios de fazer a empresa funcionar melhor, operar com mais economia, satisfazer o cliente, inovar e negociar com mais inteligência. O intermediário – assim como o consultor – somente se preocupa em computar as horas e cobrar.

Eis uma nota sobre a consultoria. Consultores (engenheiros, administradores, profissionais de marketing etc. contratados para esse fim) são capazes de oferecer contribuições positivas e valiosas – no lançamento de um produto, por exemplo – com base em sua experiência.

No entanto, pelo que tenho visto, devo admitir que consultores, muitas vezes, representam problemas para *startups*. Esse tipo de empreendimento precisa de "donos" cujo objetivo seja melhorar e fortalecer a empresa, entregar mais cedo o produto e deixar o cliente satisfeito com a qualidade e o preço. Além disso, esses "donos" precisam ser flexíveis, realizar consertos e alterar projetos com rapidez e eficiência.

O consultor está mais interessado em agradar à própria empresa – em cobrar mais e manter o projeto em andamento. Se há necessidade de mudança, o dono age com o máximo de prestesa e competência; o consultor talvez pense duas vezes. Talvez precise calcular quantas horas a mais a mudança exigirá e quanto durará o trabalho, para somente então administrar o novo cenário.

Certifique-se da história institucional da firma de consultoria. Você não vai querer contratar um consultor que projete e desenvolva tecnologia de acordo com suas necessidades para, de repente, vê-lo desaparecer porque optou por um cliente maior. Ao contrário, vai querer que sua equipe leve adiante o desenvolvimento do produto sem perder a energia. Ao Startup Hero, pode ser útil um consultor que, além de entregar rapidamente nas mãos do comprador um protótipo que funcione, forme uma equipe interna capaz de desenvolver um produto de longo prazo e de fazer as mudanças necessárias. Ou, então, um consultor de relações públicas com bons contatos na mídia, para divulgar a empresa. Cumprida essa tarefa, é melhor manter um profissional de relações públicas nos quadros da empresa, para acompanhar e orientar relacionamentos de longo prazo.

RECEPTIVIDADE

Receba bem pessoas e ideias e mantenha a mente aberta. Pode ser que você não acerte da primeira vez. Os fundadores do Hotmail nos procuraram, de início, com um índice para websites. A primeira ideia dos fundadores do Skype era wi-fi compartilhado. Elon Musk começou com um chassi da Lotus antes de projetar o incomparável *model S*. Ideias podem vir de qualquer pessoa em qualquer lugar. Se você se fechar para as pessoas e as ideias delas, talvez a oportunidade nunca atravesse seu caminho. Se mantiver a mente aberta e permitir que as ideias entrem, se surpreenderá ao descobrir como sua empresa pode ser um lugar estimulante.

Receptividade é muito importante. Woody Allen disse que "90% do sucesso está em ser notado". Porém é mais do que isso. O que faz o sucesso é estar aberto a novas pessoas, ideias e oportunidades. Meu pai é o homem mais receptivo que conheço. Ele é extraordinariamente bem-sucedido. Alcançou o sucesso no setor privado como pioneiro em empresas de capital de risco, no setor público com o Export-Import Bank of the United States, na política com o Programa da ONU para o Desenvolvimento e no setor não lucrativo com a Draper Richards Kaplan Foundation. Ele diz que o segredo de seu sucesso é dizer "Sim!". Seus colegas de escritório fizeram um pôster em que ele aparece ao estilo James Bond, com a legenda "Dr. Yes".

Quem observar meu pai em um evento social ou uma conferência de negócios vai vê-lo completamente focado na conversa, seja com quem for – o anfitrião, o fornecedor, o presidente do país ou o encanador. Ele aprende tanto com motoristas de táxi quanto com presidentes de corporações, e cada um deles passa a fazer parte de sua rede de contato, aumentando seu sucesso como um todo. Quando o presidente de um país precisa de um encanador ou um fornecedor, meu pai tem a solução. Mas não é apenas isso. Aonde vai, ele espalha compreensão e boa vontade. Ele identifica oportunidades e promove a conexão entre pessoas. Se existe uma escala de carma, ele já ultrapassou sua cota. Fez favores a tantas pessoas, que, quando precisa de alguma coisa, sempre aparece alguém para ajudá-lo. Isso também significa sucesso. Apenas diga "sim".

Certa vez, meu pai viu um homem com um enorme sorriso, porém sem um dente da frente.

– Por que não implanta um dente aí? – ele perguntou ao homem.

– Porque custa 300 dólares – o homem respondeu.

Meu pai concluiu que a falta do dente impedia o homem de alcançar o sucesso de que era capaz. Então, enviou-o ao dentista que costumava atendê-lo, e o homem teve o dente implantado. Ele ficou eternamente grato a meu pai, e o dentista nunca cobrou pelo atendimento.

SAÚDE

A maior parte das pessoas tem um médico de confiança. Nos Estados Unidos, porém, embora presos ao juramento de Hipócrates, os médicos não recebem um incentivo financeiro para manter a saúde – com exceção do plano Kaiser e de outros sistemas pouco conhecidos. Claro que a maioria deles cumpre o lema: "Em primeiro lugar, não cause nenhum mal". No entanto, parece ironia o fato de os três mais sérios riscos que nosso corpo corre sejam estes, nesta ordem: ataque cardíaco, câncer e permanência em um hospital. Médicos querem curar, mas são tantas as ações movidas contra eles, por imperícia, que todos parecem ouvir uma voz lá no fundo da mente dizer: "Melhor fazer alguma coisa que não me renda um processo", em vez de "O que posso fazer por este paciente?". Os seguros contra erros médicos representam 25% das despesas do médico. Na verdade, os usuários pagam mais 33% pelo plano de saúde porque a sociedade pune os médicos que cometem erros. A confiança é grátis. A desconfiança custa caro.

O estranho na medicina dos Estados Unidos, atualmente, é a falta de disciplina nos gastos do governo. O atendimento médico é quase de graça para o paciente. Às vezes, há uma coparticipação, geralmente mínima. As pessoas ficam à vontade para ir ao hospital, seja qual for a doença. As consultas são pagas pelas companhias de seguro, cujo dinheiro vem de impostos (no caso do Medicare) ou de corporações forçadas pelo governo a oferecer cobertura de saúde para os funcionários. O paciente é praticamente incentivado a ir ao hospital, enquanto os médicos parecem ser incentivados a prescrever os mais caros recursos disponíveis, porque o pagamento é feito com base no tipo de tratamento, e não no resultado. Essa situação pode conduzir os médicos a uma motivação perversa, que os levaria a fazer um diagnóstico errado, com a intenção de gerar mais receita.

A HISTÓRIA DA THERANOS

Certo dia, Elizabeth Holmes, melhor amiga de minha filha Jesse, entrou em meu escritório e disse:
– Vou mudar o serviço de saúde como o conhecemos.

Aos 19 anos, ela entendeu que os incentivos adotados não eram corretos; os laboratórios, os médicos e as companhias de seguros reproduziam o sistema, o que era ruim para os pacientes. A garota ousada explicou seu plano de criar uma empresa que fizesse o sistema de saúde funcionar melhor, começando por um teste que precisava de pouquíssimo sangue. A empresa, avaliada em 10 milhões de dólares, recebeu o nome de Theranos, uma combinação das palavras "therapy" e "diagnosis". Impressionado com tanta paixão, eu me comprometi a investir 1 milhão de dólares nela.

A Theranos manteve um perfil baixo por cerca de dez anos, enquanto era desenvolvido o "nanotainer", um dispositivo microfluídico que precisa de apenas duas gotas de sangue para um exame desse tipo, e o "minilab", um dispositivo integrado e uma plataforma de software com a potencial capacidade de um laboratório de análises completo. Como os resultados ficavam armazenados na nuvem, as pessoas podiam monitorar a própria saúde e determinar o que fazer com base nas alterações observadas. Quando Elizabeth Holmes finalmente anunciou essa tecnologia revolucionária, o mundo se encantou, e o valor da empresa chegou a 10 bilhões de dólares. Ela foi capa da *Forbes* e incluída na lista das 30 bilionárias com menos de 30 anos que enriqueceram por esforço próprio.

Para o usuário, essa tecnologia representava uma excelente novidade, pois seriam poupados muito dinheiro e muitos litros de sangue. Os pacientes passavam a dispor de uma linha de base e de um registro contínuo da situação de seu sangue, possibilitando comparações. De posse desses dados, ficavam sabendo dos resultados das medicações utilizadas e podiam fazer alterações no estilo de vida. Todas essas involver a Theranos parecem não ser valorizados. Em vez de descrédito, devemos lhe dirigir nossos agradecimentos pela revolução no setor.

Empreendedores de outras áreas que também incomodaram o *status quo* receberam ataques semelhantes. Eu me lembro da Skype ser atacada por operadoras de longa distância, sob a alegação de que a tecnologia VoIP não era segura. A Skype se safou porque sua tecnologia era de compartilhamento de arquivos ponto a ponto – diferente, portanto, das que utilizavam VoIP. Fábricas de veículos atacaram a Tesla de todos os lados. Até fizeram lobby para que somente revendedores registrados pudessem comercializar os carros. Por isso, até hoje alguns estados não permitem a venda direta de veículos da Tesla. Um repórter do *New York Times* tentou provar que a vida útil da bateria Tesla era inferior ao anunciado. Depois de publicada a matéria, Elon Musk verificou o trajeto percorrido e descobriu que se tratava de uma história fabricada, pois o repórter havia dirigido o carro por três horas em um estacionamento, para que a bateria descarregasse antes que ele chegasse ao destino. O *bitcoin* também sofre ataques constantes dos bancos (o diretor administrativo do JP Morgan chamou a criptomoeda de fraude), de diversos governos (a China tornou a criptomoeda ilegal) e da mídia (sob a alegação de ser usado para fins ilícitos). No entanto, o *bitcoin* provou sua resiliência. O anonimato do inventor ajuda, pois não há um indivíduo para atacar, e os defensores são dedicados. A Napster e a StreamCast foram atacadas pela indústria fonográfica e, embora tenham desaparecido, sua tecnologia resiste em iTunes e Spotify. A Uber foi atacada por empresas de táxis; a Airbnb, por hotéis; e a Amazon, por livrarias. A batalha entre inovação e *status quo* continua.

O *status quo* sabe como esmagar a inovação, e os oligopólios estabelecidos usam uma receita simples: primeiro, ignore, na esperança de que a inovação desapareça; depois, junte-se a outros oligopolistas contra a recém-chegada e manipule a imprensa, a fim de espalhar o medo entre os clientes da *startup*; em seguida, mova ações contra ela, para deixá-la sem dinheiro. (Ações legais custam caro, e grandes empresas podem sustentá-las indefinidamente. Pequenas empresas precisam ceder, para não ficarem sem dinheiro.) Por fim, pressione o governo a agir, fechando a *startup* por não estar em conformidade com as regras estabelecidas ou obrigando-a a cumprir regulamentações voltadas para grandes empresas.

Tudo isso sobrecarrega os empreendedores – daí o alto índice de suicídios, divórcios e abuso de substâncias entre eles. Nem todos os empreendedores estão preparados para os ataques do *status quo* quando realizam suas visões e revolucionam o setor.

Esses problemas de saúde física e mental dos empreendedores bem-sucedidos, além da constatação de que precisamos de mais Startup Heroes para conduzir o progresso e a mudança, me levaram a criar a Draper University of Heroes. Tomamos como missão preparar o futuro empreendedor para enfrentar o que for preciso, de modo que o mundo se torne um lugar melhor.

PRAZER!!!

Não existe empresa de bilhões de dólares que tenha crescido sem que os funcionários trabalhassem com prazer. Quando visito as *startups* que apoio, frequentemente encontro no centro das instalações mesas de pingue-pongue, videogames, barras para exercícios, sofás e dispositivos de realidade virtual. Às vezes, o empresário fica meio sem graça e se explica timidamente, dizendo coisas do tipo: "Os engenheiros precisam relaxar de algum modo". No entanto, como investidor, gosto do que vejo. O trabalho ocupa uma grande parte da vida, mas seres humanos não são robôs. Precisam de prazer, amor, saúde e apoio. Precisam ser bem tratados. Precisam se manter saudáveis.

Na Draper Associates e em todas as firmas associadas, todos têm na mesa de trabalho, pronta para uso, uma arma *Nerf*, que dispara dardos de espuma. Ninguém sabe quando vai começar uma guerra para comemorar um aniversário, um financiamento, ou para simplesmente descontrair. Ao longo dos anos, temos organizado shows, feiras, festivais de pizzas, viagens de barco, caminhadas, viagens para Las Vegas e Disneyland – tudo para garantir que os funcionários se mantenham felizes e emocionalmente saudáveis. Criamos o prêmio "O Melhor Frisbee" para empresas que alcançassem 1 bilhão de dólares em valor de mercado, e, mais recentemente, "A Máscara e Capa do Herói de Ouro" para as que alcançassem a mesma meta com o fundador original em atividade. Promovemos enormes festivais com temas como voo, futuro, espaço ou ciência, para mostrar nossas empresas em um ambiente divertido. O prazer se tornou nossa marca registrada em um setor reconhecidamente pesado e com fama de abrigar indivíduos avarentos. Um dos motivos de tantos empreendedores nos procurarem é a vontade de participar da "diversão". Eles observam o lado divertido e pensam que algo diferente ou pouco usual pode surgir de nosso relacionamento.

Para os negócios, o pensamento criativo e a rede de conhecimentos que resultam desse modelo trabalho/diversão mostram-se extremamente valiosos. Com isso, nossos festivais trouxeram maior fluxo de negócios, mais adquirentes, parceiros estratégicos, clientes, investidores, parceiros limitados, fornecedores, amigos e visibilidade na imprensa.

Na Draper Associates/DFJ, sempre nos consideramos independentes. Experimentamos muitas estratégias desconhecidas ou desprezadas pelo setor de capital de risco. Fomos os primeiros a fazer publicidade, a criar uma rede de capitalistas de risco, a nos estabelecer fora dos Estados Unidos e a focar na internet. Quando decidimos mudar o escritório para Sand Hill Road, onde já estavam os capitalistas de risco mais importantes, fizemos uma festa, para a qual convidamos vizinhos e amigos e demos o nome de "Festa da boa vizinhança". Para combinar com o tema escolhido – safári –, tínhamos macacos e outros animais em gaiolas, em um ambiente perfeitamente cuidado. Até montei em um elefante para dar uma volta, mas o animal se desviou ligeiramente do caminho, enrolou a tromba em um olmo, arrancou a planta da terra e a comeu. Em seguida, deu alguns passos para trás, até bater na janela de um escritório. Então uma mulher saiu do prédio, correndo e gritando. Foi praticamente uma calamidade. Em geral, no entanto, foi uma ótima festa. Pedi muitas desculpas à mulher, e desenvolvemos uma amizade que nos rendeu bons negócios. A festa entrou para a história. Demos boas risadas e ficamos muito mais próximos.

MAIS PRAZER: DANÇAS COM A JUÍZA SANDRA DAY O'CONNOR E COM A PRIMEIRA-DAMA DA CALIFÓRNIA, GAYLE WILSON

Adoro dançar. A dança chama o caos. Mas não apenas valsa ou foxtrote, por exemplo. Eu invento. Um passo que chamei de "levada do bombeiro" consiste em colocar a parceira no ombro e rodar como um pião. Em outro, pego as duas mãos da parceira e giramos até não conseguirmos mais. Em outro, ainda, do qual muito me orgulho, faço um verdadeiro contorcionismo e, quando a parceira está completamente desorientada, puxo-a para mim e a viro para minhas costas. Aprendi com um mestre de jiu-jítsu, quando ele me aplicou um golpe que me fez cair de costas. Então, eu lhe pedi que me ensinasse a fazer aquilo, de modo que a parceira caísse de pé. Normalmente, reservo esses movimentos para ocasiões especiais, mas, às vezes, é preciso chamar o caos.

Certa vez, eu estava no Chevy Chase Country Club, em Maryland, para uma festa oferecida por meus pais às autoridades de Washington. Entre outras personalidades, a juíza Sandra Day O'Connor estava sentada na mesma mesa que eu. Todos pareciam meio tensos. Imaginei que tivessem comparecido a centenas de reuniões como aquela, em que era esperado determinado comportamento. Mas a juíza O'Connor tinha uma centelha, e eu percebi isso. Uma bela mulher à minha esquerda comentou:

— É costume os homens dançarem com todas as mulheres da mesa.

A banda já havia tocado três músicas, e a pista continuava vazia. "Que p@#%$ é essa?", pensei. Levei Sandra O'Connor para a pista e usei o movimento no qual a parceira vai para minhas costas. Ela foi espetacular. Não perdeu um passo. Pareceu ter gostado da dança, mas achei que fazer isso uma vez era suficiente. Voltei à mesa e tirei para dançar a moça que me passara a sugestão. Com nítida ansiedade, ela me estendeu a mão. Aquele passo de dança sacudiu a festa. A pista se encheu, e os políticos sisudos se agitaram como se estivessem em uma casa noturna. Às vezes, é preciso provocar para acender o sucesso.

Em outra situação, tive a oportunidade de dançar com Gayle Wilson em um evento no Lincoln Club, em Carmel, Califórnia. Mulher doce e delicada, ela se surpreendeu quando a levantei do chão na pista de dança. Aconteceu tão rápido que Gayle me acompanhou, e demos uma boa risada no final. Seu segurança particular também não esperava o movimento; talvez por isso não me derrubou no chão. A diversão, às vezes, pode ser perigosa. Ainda assim, meu conselho é: solte-se e aproveite.

Dance como se ninguém estivesse olhando.

Meu passo de dança se mostrou útil durante o evento Dancing with the Stars Live Troupe. Fui selecionado aleatoriamente para subir ao palco e dançar. Quando fiz a parceira girar, ela se surpreendeu, a plateia aplaudiu muito, mas o mestre de cerimônias nem notou. Dançar tem que ser divertido.

FRANK

Frank Creer é um bom amigo. Eu o definiria como uma combinação de Cato (criado do inspetor Clouseau na história da Pantera Cor-de-Rosa) e um personagem da série *South Park*. Do nada, ele me ataca fisicamente, para me manter alerta e me fazer rir. Ele me ajuda com o treinamento de sobrevivência na Draper University e, com frequência, cria situações que viram lendas. É dele a ideia de que as turmas devem passar o máximo de tempo juntas no primeiro dia de aula, para que os alunos se conheçam melhor. Foi dele também a ideia de mandar dois alunos se pintarem de rosa, por terem faltado à aula sobre mulheres na força de trabalho.

Certa vez, subíamos de elevador a caminho de um encontro com Arnold Schwarzenegger. Eu estava nervoso. De repente, ele me agarrou por trás e me levantou no ar. Naquele momento, fiquei furioso, porque aproveitava os últimos segundos para pensar no que iria dizer, e ele me tirou a concentração. Hoje, entendo que foi um gesto positivo, porque cortou a tensão e se refletiu na conexão com Arnold, que se estendeu por anos.

A HISTÓRIA DO DESAFIO DE SAND HILL

Na Draper, fazemos as coisas de maneira diferente. Sempre que surge uma oportunidade de nos mostrarmos ao mundo, nós a aproveitamos. Quando Jamis MacNiven, do Buck's Restaurant, em Woodside, apareceu com a ideia de uma corrida de carrinhos chamada "The Sand Hill Challenge", nós nos preparamos para fazer alguma coisa impactante. Em uma situação em que grupos como Mohr Davidow gastariam em torno de 100 mil dólares em um carro para vencer, nós, que não dispúnhamos de tanto dinheiro para gastar, fizemos diferente. Todo ano a corrida tem um tema. Na primeira corrida, o tema era surfe; então inventamos um carro em forma de prancha. Depois explicamos que Frank foi escalado para piloto de provas por ser descartável (e inquebrável). No primeiro ano, nos saímos bem, mas, no segundo, as coisas ficaram mais sérias. E entre as regras da competição, uma dizia que era proibido o uso de motores. Comecei a pensar em como equipar nosso carro com energia natural. Nas aulas de Física, aprendi que a altura pode criar energia potencial: $PE=1/2\ mgh$. Construímos uma rampa bastante grande. Por falta de tempo, ficou meio instável. Então, prendemos um gancho no carro e usamos cordas e roldanas para ajudar no impulso inicial. Mais uma vez, Frank se ofereceu para dirigir. Ele assumiu o volante do mesmo carro usado na competição anterior e foi pendurado de cabeça para baixo no topo da rampa. Imediatamente após o tiro de partida, Warren Packard e eu puxamos as cordas, para acelerar o veículo. Frank decolou como um foguete, percorreu quase 50 metros e bateu em um carro que tinha custado 50 mil dólares. Fomos para a galeria dos vencedores, mas não pudemos disputar a final porque a rampa desmoronou e o volante ficou retorcido. Embora Frank se oferecesse em sacrifício novamente, declarei vitória e mandei derrubar a pista de 3 metros de altura para salvar a vida dele.

Depois daquela corrida, as rampas foram proibidas em The Sand Hill Challenge. A DFJ conquistou o *Spirit award*, um prêmio concedido a participantes independentes, com os seguintes veículos: cavalo de Troia, arca de Noé e nanocarro.

QUESTIONÁRIO SOBRE JUSTIÇA, RECEPTIVIDADE, SAÚDE E PRAZER

1. O que é justiça? Todas as pessoas devem receber cotas iguais ou quem produz mais ganha mais?
2. Como pensa em conseguir que as pessoas se expressem emocionalmente? Você sorri? Faz que "sim" de forma enérgica? Ouve com atenção?
3. Como você pensa em sua saúde? Acha melhor visitar o médico regularmente ou nunca precisar ir ao médico?
4. Qual foi a última vez que você se divertiu?
5. O que torna uma situação engraçada?
6. Acha divertido viver uma experiência nova ou prefere fazer algo que lhe é familiar?

7. Crie um jogo novo para você e oito amigos. (Se não lhe ocorre uma ideia, use o jogo de tabuleiro *Risk*, de Parker Brothers. Estabeleça as regras. Quando o jogo estiver esquentando, procure forçar os oponentes a trocar de posição com quem estiver à sua esquerda. Você vai aprender mais sobre justiça, receptividade, saúde e prazer nesse jogo do que em praticamente qualquer outro cenário.

O ENIGMA DE JUSTIÇA, RECEPTIVIDADE, SAÚDE E PRAZER

Você está em um planeta estranho. Os alienígenas são FRoeBLEs ou ScAboRs. Você chega a uma bifurcação na estrada. Se seguir em uma direção, entrará em contato com os amigáveis, porém perigosos FRoeBLEs. Caso siga pela outra direção, ouvirá o ronco dos ScAboRs, que levam as pessoas a uma terra em que podem construir abrigos, plantar alimentos e criar roupas. Os FRoeBLEs sempre mentem. Os ScAboRs sempre dizem a verdade. Você encontra um alienígena e não sabe se ele é FRoeBLE ou ScAboR.

– Você pode fazer uma pergunta – ele diz.

Ele se senta em silêncio e espera. O que você pergunta?

Entre seis *bitcoins*, descubra um falso, mais leve do que os verdadeiros, em duas pesagens.

Entre 12 *bitcoins*, descubra o falso e determine se é mais leve ou mais pesado, em três pesagens.

Manter a palavra dada

Manter a palavra dada pode ser uma atitude extremamente dolorosa, principalmente quando motivações e interesses pessoais mudam.

A HISTÓRIA DA DEFY PRISON

Defy é uma organização sem fins lucrativos que incentiva prisioneiros e ex-prisioneiros a aprenderem a ser empreendedores. Como os egressos das prisões têm dificuldade em encontrar empregos, a Defy se propõe a ajudá-los a criar os próprios empregos.

Sou doador e voluntário da Defy. Certa vez, visitei com alguns voluntários as instalações de uma prisão, para conhecer os internos e lhes passar informações sobre empreendedorismo. Catherine Hoke, fundadora da Defy, avisou que, assim como acontecia com ela, nós nos sentiríamos ligados aos internos, mas não devíamos fazer promessas.

– Imagine ficar em uma prisão por vinte anos, tendo como única ligação com o mundo exterior um voluntário da Defy – ela disse. – E imagine que o voluntário prometeu, há quinze anos, lhe arranjar um emprego ou recebê-lo na casa dele até que se arrume na vida. Durante quinze anos, você visualizou a imagem de um bom emprego ou de uma bela casa. Ou seja, não faça promessas, ou um daqueles sujeitos vai aparecer em sua porta a qualquer hora. Digamos que você tenha se casado. A outra pessoa não tem nada a ver com o prisioneiro que você conheceu quinze anos atrás.

Manter a palavra pode ser muito difícil. Portanto, não dê sua palavra de forma leviana. Escolha com muito cuidado os compromissos que assume e especifique até onde iria para cumpri-los.

A experiência na prisão teve uma alta carga emocional. Fomos à Solano State Prison, uma penitenciária de segurança máxima somente para homens. Os guardas se mantinham alerta, em especial depois que houve um assassinato lá dentro. Atravessamos diversos portões, um corredor terrivelmente claustrofóbico e o pátio de terra que servia de campo quando os internos tinham algum tempo de atividades ao ar livre, e, finalmente, chegamos a um grande ginásio onde aconteceria o encontro.

Catherine liderou um exercício especialmente revelador, para o qual precisou colar no chão duas longas tiras de fita adesiva, a um metro de distância uma da outra. Em seguida, ela pediu aos 70 prisioneiros que ficassem de um lado, enquanto os 20 voluntários ficavam o outro. Então, fez uma série de perguntas. Quem tivesse uma resposta positiva para a pergunta devia avançar um passo; quem tivesse uma resposta negativa permanecia no mesmo lugar.

A primeira pergunta foi:

– Você tem mais de quatro anos de escolaridade?

Todos os prisioneiros ficaram parados, enquanto todos os voluntários deram um passo à frente.

Ela continuou:

– Você viveu em um ambiente de violência doméstica? Seu pai ou sua mãe, ou ambos, morreram ou deixaram a casa antes que você completasse 18 anos?

Dessa vez, aconteceu o oposto. Prisioneiros, um passo à frente, e voluntários, imóveis.

– Já tirou a vida de alguém?

Cerca de dois terços dos prisioneiros ficaram parados. Estávamos lidando com assassinos.

– Você cometeu algum crime antes de completar 30 anos?

Todos os internos caminharam em direção à linha. Na verdade, a maior parte dos crimes é cometida, por essas pessoas, entre os 15 e os 22 anos de idade. Ou seja, em idade escolar.

– Há quanto tempo você está aqui?

Um total de dois terços dos prisioneiros cumpriam penas acima de vinte anos. Um deles estava lá há quarenta e três anos.

Até me arrepio com a ideia de deixar meu cachorro no canil por mais de uma hora. No entanto, por alguma razão, a sociedade em geral acha perfeitamente normal trancar alguém por quarenta e três anos.

Ao sair da penitenciária, tive uma epifania. Talvez devêssemos repensar o crime e o castigo. Ou, se mantivermos o sistema atual, quem sabe estipular em dez anos, no máximo, a pena por assassinato. Caso o ex-presidiário reincidisse, a pena seria mais pesada – de morte, talvez. Essa pequena mudança evitaria que vidas se perdessem no cárcere, reduziria em 90% os custos das prisões e daria à sociedade um olhar mais bondoso e compreensivo em relação aos ex-presidiários. Sem dúvida, precisamos de mais programas como o Defy. Os internos pareciam famintos de conhecimento sobre o mundo. E precisamos deles com empregabilidade e reais habilidades quando saírem de lá.

Mantenha a palavra dada. E fique fora da cadeia.

Recentemente, fiz uma viagem a Buenos Aires, Argentina. Quando os bancos e o governo não conseguiram prover a moeda exigida pelos cidadãos, o peso e a confiança no país caíram. Até o momento em que escrevo este livro, a Argentina é o país com menos crédito em toda a América Latina. No encontro que tive com o presidente, sugeri que fizesse do *bitcoin* uma moeda nacional paralela, para recuperar a confiança. Afinal, o *bitcoin* não precisa de bancos, de políticos nem de um indivíduo para ser "o terceiro". Os olhos dele brilharam. Talvez haja esperança para a Argentina.

Manter a palavra pode acarretar dificuldades éticas, complexas ou ligadas à incerteza do futuro. Veja os contratos, por exemplo. É importante ler tudo antes de assinar. Tente imaginar as implicações do contrato. Certa vez, assinei o contrato de financiamento de uma empresa, pensando que fosse igual aos que tinha assinado antes. Quando a empresa foi vendida por um alto preço, recebi um cheque equivalente a meu investimento, acrescido de pequenos juros. O advogado do empresário havia deixado uma janela aberta no contrato. Segundo essa janela, se ele vendesse a empresa antes que houvesse uma rodada de financiamento e depois que vencesse nossa ordem de pagamento, eu não poderia converter a quantia em ações. Afff!

Na Draper Associates, passamos a fechar essa brecha e trabalhamos duro para incluir novos termos, de modo que empreendedores e capitalistas de risco mantenham um relacionamento de longo prazo, mais alinhado e flexível. No entanto, a sensação ruim persiste, e aquele empresário nunca mais vai ver o dinheiro da Draper Associates. Manter a palavra é muito mais do que fazer o que promete. É garantir que a alma do contrato seja mantida, que os envolvidos sejam tratados com justiça e, ainda que com esforço, fazer o que se espera em todas as situações.

O empreendedor ucraniano pegou o investimento e meu dinheiro e desapareceu. Sem saber, ele eliminou qualquer possibilidade de um novo investimento em seu país. Uma comunidade de desconfiança vive em constantes brigas e disputas. Sobra apenas o suficiente, e todos estão sempre dispostos a "passar a perna" nos outros. Diferentemente, a comunidade de confiança realiza. Incentivos são alinhados, os envolvidos não precisam sonegar informações, todos contribuem para o sucesso dos outros. Mostre-me uma comunidade empobrecida, e vou lhe mostrar uma comunidade em que prevalece a desonestidade e na qual as pessoas desconfiam umas das outras. Mostre-me uma comunidade próspera, e vou lhe mostrar uma comunidade de confiança e honestidade.

Mantenha a palavra. E cuide para que os envolvidos façam o mesmo.

QUESTIONÁRIO SOBRE MANTER A PALAVRA

1. Qual foi a última vez que você quebrou uma promessa? Existe um meio de corrigir isso?

2. Quando você manteve a palavra, ainda que com esforço? O que sente de diferente quando não cumpre uma promessa?

3. Já se envolveu em uma ação judicial? Qual seria a atitude caso a quebra da palavra fosse de sua parte? E qual seria sua atitude caso a quebra da palavra fosse da outra parte?

4. Aposte e perca. Pegue dinheiro emprestado e pague.

ENIGMA DA PALAVRA DADA

Uma empresária tem três candidatos para uma vaga de vice-presidente de marketing e decide aplicar um teste. Reúne os três em uma sala e diz que vai vendá-los e pintar uma flor na testa de cada um. As flores podem ser vermelhas ou brancas. Quando a venda for removida, ninguém pode falar nem usar truques para descobrir a cor da flor que tem na própria testa. O primeiro a descobrir conquista a vaga. Ela acrescenta que, se houver duas flores vermelhas, a terceira é branca.

Na verdade, ela pinta três flores brancas. Os candidatos se olham por algum tempo, até que um deles descobre e diz a cor da flor que tem na testa. Em seguida, explica como encontrou a resposta e consegue o emprego. Como ele descobriu?

Decifre o enigma de Audrey Proulx. Ela estudou na Draper University.

Esforçar-me ao máximo para reparar meus erros

Trata-se apenas de senso comum. Quando perceber que fez algo de errado, reconheça, assuma e tente consertar. Tem algo a ver com a crença no carma. Não sei o que acontecerá em outra vida, mas sei o que acontece nesta. A verdade sempre aparece. E, quando aparece, a situação pode ser embaraçosa ou levar a uma punição, mas é bom mesmo assim. A verdade liberta.

A HISTÓRIA DAS SEIS CALIFÓRNIAS

Quando a Califórnia aprovou a proposição de número 30, por meio da qual o estado podia retroagir, cobrando mais impostos pelos ganhos do ano anterior, muitos amigos meus decidiram mudar de estado.

Ouvi coisas do tipo: "Não confio mais no estado"; "Se a Califórnia me cobra um imposto que já cobrou no ano passado, o que virá em seguida?"; ou, ainda, "Como um estado pode cobrar tanto e oferecer os piores serviços?".

Ao pesquisar o que havia de errado, descobri que a Califórnia operava como monopólio e que isso já acontecia há cerca de quarenta anos. Durante esse período, o estado caiu do 1º para o 47º lugar em educação; quadruplicou a população carcerária; foi da 1ª à 50ª colocação, tornando-se o pior estado dos Estados Unidos para fazer negócios; criou um sistema de pensões e assistência médica para empregados sindicalizados, que o está levando à falência; e reduziu os gastos com infraestrutura de 26% do orçamento para menos de 3%.

O estado vinha, ainda, transferindo obrigações para cidades e condados, levando alguns à beira da falência. Como pode ser saudável um estado em que as cidades adoecem?

Na verdade, a gestão só piora. Cidadãos são forçados a pagar pelas regalias, cada vez mais numerosas, concedidas aos funcionários do governo, enquanto recebem péssimos serviços.

Se o estado fosse um restaurante ou uma loja de roupas, ninguém o frequentaria. Acontece, porém, que as pessoas amam viver na Califórnia. Além de um ótimo clima, é onde fica Hollywood, o Vale Central e o Vale do Silício. Apesar da má administração, elas querem continuar aqui. Na Costa Leste, no espaço geográfico equivalente ao ocupado pela Califórnia, há 13 estados em constante competição por cidadãos, negócios, capital, empreendedores etc. Por isso, esses estados precisam oferecer bons serviços, de modo que as pessoas não se mudem.

Então, meu raciocínio foi este: em meu mundo – o mundo do capital de risco –, se uma empresa monopolista não oferece bons serviços e cobra quanto quer, abrimos outra para fazer concorrência. Não seria o caso de criar um estado para competir com a Califórnia? Nas pesquisas que fiz, descobri que Ohio se desligou da Pensilvânia em 1858; Maine, Massachusetts e Vermont formavam um só estado; Carolina do Norte se separou de Carolina; e Virgínia Ocidental se separou de Virgínia.

Decidi criar um estado empresarial para resolver o problema da Califórnia. Queria oferecer a um pequeno grupo de condados a opção de fazer parte de um novo estado – o estado do Vale do Silício. Meu plano era, mais tarde, estender o oferecimento a alguns condados da Califórnia, que, então, seria obrigada a assumir a responsabilidade de competir para mantê-los.

No entanto, conversas com especialistas em economia e política me convenceram de que seria injusto excluir, inicialmente, os californianos do novo estado. Com apenas o dobro dos custos, seria possível dissolver o governo e criar seis novas Califórnias.

Com essa estratégia, os novos estados poderiam evoluir, modernizar-se e digitalizar os serviços, além de competir, cooperar e assumir responsabilidade por seus cidadãos. Os habitantes poderiam mudar de estado em busca de uma educação melhor, impostos mais baixos, infraestrutura e assistência médica sem abandonar o lindo território que chamamos de Califórnia.

Assim, iniciei as pesquisas, cujos resultados demonstraram que apenas 15% dos eleitores apoiavam a dissolução do governo e a criação de seis novos estados. Os contrários à ideia se diziam ligados à Califórnia mais ou menos como os que se referem à "Mãe Rússia" ou ao time de beisebol favorito. Preocupavam-se, também, com as duas etapas do processo, pois poderiam votar, mas teriam que esperar que o governo dos Estados Unidos sancionasse a lei. Havia, ainda, a preocupação com uma eventual diferença de riqueza entre os novos estados.

Além da dificuldade em superar o pensamento provinciano, precisaríamos cumprir a primeira etapa e somente então pensar na segunda. Algumas preocupações eram válidas, mas a mais estranha era com a pobreza ou a riqueza dos estados, uma vez que as respostas se baseavam em como as pessoas viviam naquele momento. Na verdade, os moradores de regiões pobres tinham mais probabilidade de sair ganhando com a iniciativa. Caso se governassem, provavelmente se tornariam mais ricos.

Embora conversas e questionários parecessem maciçamente contrários, eu achava a ideia importante demais e resolvi fazer um abaixo-assinado, de modo que as pessoas se informassem quanto à substituição de um estado dominado pelos sindicatos, inchado e preso a uma burocracia monopolista.

Contratei Mike Arno, o mesmo que chamei quando houve a iniciativa pelas escolas voucher, mas também saí em campo em busca de assinaturas.

Fui para o estacionamento do armazém da Costco e, depois de 20 abordagens, já tinha 15 assinaturas. Parei apenas porque o gerente me mandou embora. Para não perder a oportunidade, tentei obter a assinatura dele, mas não consegui.

Em seguida, fui para a entrada do teatro Century 20, onde tive outros problemas.

— Isso é coisa daquele sujeito rico de que ouvi falar. Ele quer tomar dinheiro da parte pobre do estado — disse um jovem.

— Você tem autorização para recolher assinaturas? — perguntou uma mulher.

Continuei a acreditar que os novos estados estariam livres daquele sistema arcaico e também acredito que os indivíduos que perderiam os empregos de coletor ou contador de assinaturas para o estado entendiam isso.

Eu precisava de 808 mil assinaturas e consegui mais de 1,2 milhão. Se fossem 1,3 milhão, seria melhor ainda, mas estávamos bem. Os condados têm contadores de assinaturas, que usam uma amostra para chegar a um resultado estaticamente preciso. Eles determinaram que tínhamos apenas 750 mil assinaturas; as outras 450 mil não eram válidas.

Surpreso, marquei uma visita ao contador de assinaturas de San Mateo. Ele me mostrou em seu computador de tela verde, ano 1980, algumas das consideradas "inválidas".

— O que há de errado com esta? — perguntei, apontando para uma.

— Os endereços não batem.

— E se a pessoa tiver se mudado? — eu quis saber.

Ele deu de ombros, dizendo:

— É assim que fazemos.

— E este aqui? — perguntei. — Os endereços batem.

— A assinatura está diferente da que consta na carteira de habilitação.

— As assinaturas são idênticas! — argumentei.

— Então me processe — o homem encerrou o assunto.

Claro que os contadores de assinaturas preferiam que a ideia não fosse aprovada. Eles sabiam muito bem que os novos estados disporiam de meios muito mais eficientes de administrar a democracia, e seu emprego não teria lugar.

Peço desculpas ao povo da Califórnia por não ter conseguido melhorar seu estado. Vocês ainda precisarão conviver com impostos altos, sistema educacional falho, infraestrutura fraca e prisões cheias, administradas pelo governo. Porém, não sintam medo. Atualmente estou envolvido na criação de três Califórnias, de modo que cada estado tenha mais ou menos a mesma população, os mesmos recursos e a palavra "Califórnia" no nome.

Além desse fracasso, tive alguns erros. Nem sempre fui o melhor parceiro para os parceiros, o melhor investidor para os sócios limitados, o melhor capitalista de risco para os empreendedores, o melhor filho para minha mãe e meu pai, o melhor marido para minha mulher, o melhor pai para meus filhos, o melhor irmão para minhas irmãs, o melhor amigo para os amigos, o melhor chefe para os subordinados nem o melhor subordinado para os chefes. Mas vou continuar tentando ser e continuar a reparar meus erros.

QUESTIONÁRIO SOBRE REPARAR OS ERROS

1. Pelo que você precisa se desculpar?
2. O que pode fazer para tentar consertar?
3. Que tipo de situação você imagina que talvez tenha que corrigir em relação às pessoas com quem trabalha?
4. Peça desculpas a todas as pessoas que pode ter aborrecido. Os Alcoólicos Anônimos recomendam isso como parte da cura. De todo modo, trata-se de uma atividade poderosa, capaz de recuperar velhos amigos ou fazer novos.

ENIGMA DA REPARAÇÃO

Um carpinteiro é especialista em reparo de telhados. Ele é capaz de consertar 30 telhados por ano, mas somente é chamado depois das chuvas. E chove apenas três meses por ano. Como ele pode melhorar seus negócios? O que mais pode fazer?

O COMPROMISSO DO SUPER-HERÓI

Aceito para a vida toda a obrigação de aperfeiçoar e aplicar meus poderes de super-herói para o bem dos universos.

A HISTÓRIA DO JOGO DE *DEATHBALL*

Costumo praticar um jogo ótimo para jovens no final da adolescência – *deathball* (bola da morte). Joga-se na piscina, com uma cesta de basquete e uma bola de polo aquático. Não há regras, mas é recomendável o uso de óculos de proteção. Já fui mordido, arranhado, esmurrado, espremido e estapeado, fora as tentativas de afogamento, mas digo que não existe jogo melhor para conhecer as pessoas e saber como se comportam em uma competição sem regras.

Tudo começou com um presente enviado em uma caixa enorme por meu imprudente amigo Frank Creer. Eu e meus filhos, Adam e Billy, instalamos o aro, e achei que um presente de Frank devia ser tratado com o espírito condizente com a pessoa. Enquanto tentávamos acertar a cesta, pensei: "No papel de pai, normalmente estabeleço as regras básicas. Nesse caso, porém, não vou intervir". E deixei rolar. Assim, sucederam-se as "enterradas" no ar e na água. Com a intensificação dos movimentos, não demorou muito e estávamos boiando, quase mortos, exaustos e doloridos. Foi o máximo!

A participação de minhas filhas, Jesse e Eleanor, levou o jogo a outro nível. Jesse costumava morder e arranhar, enquanto Eleanor, excelente estrategista, prendia meus braços por trás e esperava a bola cair para o lado dela. Certo dia, Jesse convidou cinco amigas e dois amigos, e jogamos masculino contra feminino. Durante cerca de meia hora, o time masculino venceu com facilidade todas as disputas de bola, apesar dos arranhões e das mordidas aplicados por elas. Toda vez que eu marcava um ponto, recebia um tapa na nuca, dado por uma das garotas. Estava a ponto de desenvolver uma resposta Pavloviana negativa. Finalmente, elas marcaram uma cesta, que foi comemorada com arranhões, mordidas e um golpe na cabeça. Aquele verdadeiro pandemônio marcou o lançamento do conceito "a última cesta decide o jogo".

No dia seguinte, uma das amigas de Jesse lhe enviou esta mensagem de texto: "Estou aqui na aula de Biologia, olhando para o machucado no pulso e pensando que preferia estar na piscina jogando *deathball*."

Tivemos inúmeros outros jogos. Eu sentia como se tivesse, finalmente, quebrado o código de comunicação dos adolescentes. Mal chegava em casa e ouvia:

– Pai, quer jogar *deathball*?

Às vezes jogávamos à noite, o que aumentava o perigo, e o número de participantes podia chegar a dez!

Jesse decidiu organizar um torneio de *deathball* com cinco equipes de cinco jogadores. Cada equipe jogaria contra todas as outras, até restarem duas na rodada final. As disputas se sucediam, sem que minha equipe alcançasse uma única vitória. Estávamos tecnicamente fora do torneio. Mas aquilo era *deathball*. Não há regras. Reuni a equipe para traçar a estratégia da virada. Pulamos todos na piscina ao mesmo tempo, e a loucura começou. Ao ver o que fizemos, outros times fizeram o mesmo. Logo havia 25 jogadores na água. Caos total! Como seria impossível marcar a pontuação, alguém gritou:

– Quem fizer a cesta ganha o jogo!

Um de nossos jogadores, Jay Gierak, perdeu um dente e foi afastado, embora contra a vontade. Um rápido telefonema para um dentista amigo resolveu o problema, mas a equipe ficou desfalcada. Para suprir a falta, inventei uma tática, que expliquei aos companheiros: quando um deles pegasse a bola, eu o protegeria contra a parede, de modo que pudesse marcar o ponto. A tática deu certo, e proclamamos a vitória, embora estivéssemos eliminados! Houve alguns protestos, mas, com todos os participantes exaustos, agarramos o troféu. Minha mensagem aos Startup Heroes é esta: Se você tem uma empresa, está no jogo. A guerra nunca está perdida. Sempre há um meio. Tente. Siga em frente. Continue no jogo. Seja um Startup Hero.

Depois de um bem-sucedido tratamento de canal radicular, o companheiro de equipe estava pronto para o torneio seguinte, que recebeu o nome de "*Deathball*: a volta do dente". Na verdade, o torneio passou a ser um evento anual. Jay demonstrou seu espírito de Startup Hero na arena de *deathball*, e, anos mais tarde, ele e um sócio receberam meu apoio quando abriram uma empresa chamada Stik, que hoje é a Waymark.

Acabamos incorporando o *deathball* ao treinamento de Startup Heroes da Draper University. Acreditamos que a ideia de um jogo sem regras abre a mente dos participantes para novas estratégias e novas maneiras de pensar, além de novos meios e modos de jogar cada partida. Assim, cada um percebe do que é capaz, identifica seus pontos fortes e estabelece os próprios limites.

Deathball, *melonball*, *airball* e diversos outros jogos de ação ensinaram a meus filhos e aos estudantes da Draper University algumas habilidades especiais, além de prepará-los para situações da vida real. Eles não apenas superam medos, como conquistam uma vantagem: aprendem a empreender, ainda que sem noções prévias nem regras estabelecidas. Esses jogos simulam situações de vida ou morte. Eles treinam para o planejamento, para a cautela, quando necessária, e ensinam a ousadia e o rigor quando a situação exige. Para o Startup Hero, aperfeiçoar poderes significa superar medos e entrar em universos desconhecidos. Experimente *deathball*, ou um jogo parecido, e perceberá o desenvolvimento de seus poderes.

PRATIQUE, PRATIQUE, PRATIQUE, PRATIQUE, PRATIQUE

Em sua autobiografia, Arnold Schwarzenegger fala da importância da prática. (Ou, no caso de seu físico, como são importantes as repetições.) Ele explica que se tornou bom no que faz porque pratica muito, seja levantamento de peso, interpretação ou palestras sobre temas políticos. Nem sempre é verdade que a prática leva à perfeição, mas a prática melhora, e muita prática faz de você o(a) melhor. Pratique!

Polly, minha irmã, é atriz conhecida (também diretora e autora). Certa vez, eu lhe disse que ia fazer uma apresentação de doze minutos para a Ted-X.

– Muito bem. Me mostre – ela disse.

Tropecei um pouco nas palavras, mas achei que estava bom.

– Faça de novo – ela mandou.

Como sei que ela é atriz e está acostumada a repetir as cenas, levei "na esportiva". Realmente, a segunda fala saiu com mais facilidade e regularidade.

– Mais uma vez! – ela parecia um capataz.

E assim foi... Eu custava a acreditar que Polly quisesse me ouvir tantas vezes. Quando finalmente me deixou parar, eu tinha o texto quase decorado, e o *timing* perfeito. Muito mais interessante e informativo que na primeira vez. Estava tão afiado do que faria uma boa apresentação a qualquer hora e em qualquer lugar. Até hoje consigo discorrer sobre "Governança competitiva: história e importância no mundo moderno".

Na jornada para ser um Startup Hero, você certamente precisará se apresentar com eloquência e elegância para capitalistas de risco ou clientes. Saber se apresentar e falar em público deve fazer parte dos seus poderes de super-herói. Portanto, pratique, pratique, pratique, PRATIQUE!!!

Frequentemente, empreendedores me contam que procuraram 25 capitalistas de risco, até encontrar um que se decidisse a lhes conceder um financiamento. Eles não entenderam. Na verdade, a cada recusa, eles têm a chance de praticar e melhorar para o próximo. A quantidade de negativas poderia ser cinco ou dez vezes menor, caso os empreendedores ensaiassem e praticassem. O verdadeiro Startup Hero precisa praticar tudo – voar, correr pelo aeroporto, ficar invisível, dormir muito tarde, teletransportar-se, subir no pódio, ler mentes, buscar seu melhor, fazer ioga, ficar sem comer, almoçar ou jantar duas vezes, fortalecer os músculos, estar só, cercar-se de muitas pessoas, ler depressa, desenvolver um produto, vender o produto, viajar no tempo, falar de sua empresa, trabalhar em equipe, mover objetos com a força da mente. Pratique até ser um Startup Hero. E continue a aperfeiçoar seus poderes, para o bem do universo.

QUESTIONÁRIO SOBRE SER SUPER-HERÓI

1. Como você tem aperfeiçoado seus poderes de super-herói?
2. Quais são seus pontos fortes atualmente?
3. Quais são as outras qualidades de que precisa para alcançar seus objetivos?
4. Que qualidades você gostaria de ter, apenas por prazer?
5. O que o impede de aprender, adquirir e melhorar essas habilidades?
6. Como você define "o bem do universo"? Como alcançar esse bem?
7. Chame um amigo e fale para ele em voz alta, cinco vezes, sobre sua empresa e os esperados efeitos dela sobre o setor. A prática leva a uma apresentação sucinta e persuasiva, e falar em público passa a ser sua segunda natureza profissional.

O ENIGMA DO SUPER-HERÓI

Se o Homem-Aranha pegar a capa do Super-Homem, e o Super--Homem pegar a máscara do Homem-Aranha, e o Super-Homem precisar lutar com o Duende Verde, e o Homem-Aranha precisar lutar com Lex Luthor, e o Homem-Aranha quiser se juntar à DC Comics, e o Super-Homem quiser se juntar à Marvel, e a Mulher-Maravilha tiver três braceletes e apenas dois pulsos, e o Quarteto Fantástico perder todos os poderes, qual será a cor da capa vermelha do Super-Homem?

O COMPROMISSO DO EVANGELISMO

Promover e aumentar o contínuo sucesso da Draper University, de seus alunos, do corpo docente, da administração, das instalações. Ajudar a preparar a nova geração de super-heróis.

A HISTÓRIA DA DRAPER UNIVERSITY

Eu sempre quis ter uma escola. Recebi uma formação de alto nível. Estudei em lugares excepcionais. A Hillview Elementary School, em Menlo Park, Califórnia, era, na época, uma das melhores escolas públicas do estado. A Phillips Academy, em Andover, Massachusetts, era e continua a ser uma das melhores escolas preparatórias do país. A Universidade de Stanford, onde estudei, tinha uma excelente faculdade de Engenharia Elétrica – talvez a melhor dos Estados Unidos. A Harvard *Business School*, em Boston, costuma ser apontada como a primeira ou a segunda melhor do mundo. No entanto, apesar dessa excelente formação, sempre achei que faltava alguma coisa.

Além de não aprender nada sobre como abrir uma empresa, reparei que todas as escolas ensinavam da mesma forma, como se seguissem um roteiro. Desde que eu respondesse às questões da prova de acordo com o que o professor ensinou, conseguia conceito "A". Com raras exceções, as salas de aula eram arrumadas da mesma forma: o professor à frente e os alunos em fileiras, ouvindo em silêncio e tomando notas. O sistema de classificação prioriza o trabalho individual, não admite o erro e inibe a curiosidade do aluno, que sente medo de fazer uma pergunta tola e receber um conceito inferior. Além disso, os professores costumam transmitir os mesmos conceitos, ano após ano. Muitos acabam por demonstrar sua insatisfação com o sistema e contaminar os estudantes indecisos.

Em meu primeiro emprego, na HP, não encontrei nada semelhante ao que tinha visto nas salas de aula. Aprendi muito sobre projeto de circuitos, escrita criativa, economia marxista (achei ridículo o tratamento reverente que Stanford dava ao curso, em vez de desprezo, que, para mim, seria natural, pois a palavra capitalismo nem aparece!), cálculo diferencial parcial e sexualidade humana. (É verdade, Stanford tem uma disciplina sobre sexualidade humana.) No entanto, sempre trabalhei sozinho. Pouco entendia sobre o que é trabalhar em grupo. Como a HP incentivava o trabalho em equipe, fiquei meio perdido em meu primeiro emprego.

Felizmente, pratiquei muitos esportes. Cheguei a jogar no time de futebol americano da universidade, sob o comando de Bill Walsh, que viria a ser o treinador principal do San Francisco 49ers, levando a equipe diversas vezes ao Super Bowl. Se não fosse isso, não teria a menor ideia do que é trabalho em equipe. De todo modo, não era muito bom em grupo ou em comunicação. Devo ter sido um dos piores funcionários da HP. A empresa me reteve e até mesmo me ofereceu uma promoção quando pedi para sair, mas devo reconhecer que eu era horrível. Tinha aprendido a ficar quieto, concentrado nos aspectos acadêmicos. Apenas cumpria as tarefas que me passavam, como se fossem problemas de matemática ou trabalhos de conclusão de curso que eu devia entregar ao chefe para merecer um "A".

Nos primeiros empregos, fui um funcionário confuso. Mesmo depois de inaugurar a Draper Associates, minha assistente, Karen, e meus pais precisavam arrancar de mim as informações, como se eu tivesse dentes cariados e não quisesse abrir a boca por causa deles. Provavelmente, fui o pior participante de grupos. Mal posso imaginar o que se passava na cabeça de John Fisher, meu parceiro de longa data, quando eu apresentava ideias estranhas sem maiores explicações. Talvez ele encontrasse algum método em minha loucura.

Acreditava na importância de transmitir informações à equipe. Apenas não sabia como fazer isso. Por isso, trabalhei sozinho, sem verificar se estava me desviando do caminho.

Comunicação e trabalho em equipe são conceitos importantes nunca ensinados nas escolas. Na verdade, as escolas ensinam o oposto. A maioria repreende quem fala e interage durante as aulas. Comportamentos diferentes também são desestimulados. Nada de "pensar fora da caixa". Sempre que tentei alguma coisa capaz de abalar o *status quo*, meu conceito caiu. No entanto, aprendi que, no mundo dos negócios, resultados importantes somente são alcançados com ousadia e coragem de pensar fora da caixa. O Startup Hero deve ser proativo no trabalho. Não pode esperar pelas orientações do manual. Afinal, o manual (inclusive este livro) já foi escrito, e você precisa traçar e trilhar um caminho próprio. Os educadores não perceberam essas necessidades tão evidentes!

Em 2008, o mercado financeiro quase desmoronou, e as pessoas ficaram desorientadas. O que mais me surpreendeu, porém, foi o fato de ninguém tentar melhorar a situação para o país e o mundo. Boa parte do setor financeiro enterrou a cabeça na areia, esperando a tempestade passar. Isso me fez pensar no sistema educacional, que desencoraja as pessoas a expor ideias, trabalhar em equipe e assumir riscos.

Eu havia desafiado o sistema educacional diversas vezes, com resultados diferentes: politicamente por meio de iniciativas e trabalhando no California State Board of Education; e filantropicamente por meio de meu trabalho na criação da BizWorld e na diretoria de muitas escolas. No entanto, quando decidi abrir uma escola, as estrelas se alinharam para mim.

Eu havia comprado o hotel Ben Franklin, em San Mateo, Califórnia, que, durante oito anos, teve boa ocupação. As tripulações de aviões da Pan Am se hospedavam lá entre um voo e outro do aeroporto internacional de São Francisco. Também comprei uma construção do outro lado da rua, uma antiga cooperativa que não podia pagar o aluguel a preço de mercado. O principal motivo da compra foi o fato de o governo imprimir dinheiro para salvar a economia do colapso, o que causaria uma pesada inflação. Além disso, San Mateo ficava no centro do Vale do Silício, mas em uma atmosfera meio sonolenta e possivelmente subavaliada e preterida pelo mundo tecnológico.

Somente como um exercício divertido, perguntei a meus filhos o que fazer com o hotel. Poderia mantê-lo, mas era perceptível que a demanda tinha diminuído muito. Poderia transformá-lo em pequenos apartamentos ou em uma casa de repouso, mas preferia algo mais interessante e agradável. Quando meu filho Adam sugeriu transformá-lo em uma escola, uma centelha se acendeu, e as ideias que eu tinha sobre as deficiências do ensino vieram em mente. Eu precisava fazer isso. O mundo precisava de uma nova visão, e eu teria a oportunidade de mudar a educação como a conhecíamos e liderar pelo exemplo.

A primeira providência a tomar era consultar um advogado especializado em educação e perguntar o que era necessário para abrir uma escola. Foi o que fiz. Ele me desfiou uma verdadeira ladainha de regras e regulamentações que deixariam minha escola exatamente igual a todas as outras. Precisaríamos de um departamento de história, de um sistema de graduação individual, de três turnos de corpos docentes e de uma avaliação ao final de dois anos, quando os fiscais informariam se merecíamos o credenciamento. A palavra "credenciamento", mencionada seis vezes durante a conversa, fez meus olhos perderem o brilho. Eu começava a acreditar que minha escola seria fechada antes de abrir.

– E se não formos credenciados? – perguntei.

Eu me lembrava de a escola em que fiz o Ensino Médio, a Phillips Academy, a melhor do país, não ser credenciada.

– Ah, nesse caso não precisa fazer nada – ele respondeu.

Uau! Nada? Que alívio!

Em um misto entre brincadeira e desafio ao *status quo*, decidi usar as regras do credenciamento como *checklist* e fazer tudo ao contrário.

Em vez de ensinar "história" e bajular heróis do passado, ensinaríamos "futuro", criando super-heróis. Em vez de um sistema de classificação individual que privilegiasse os obedientes, adotaríamos uma abordagem baseada na equipe. Como um resultado excepcional renderia pontos para a equipe toda, os estudantes trabalhariam em grupo e se comunicariam. Em vez de professores titulares – por vezes cansados –, cuidaríamos para que ninguém falasse aos estudantes por mais de uma hora. Os palestrantes seriam os melhores e mais brilhantes em sua área de atuação, e os temas, de interesse dos alunos. E em vez de administrar a escola sob constantes pressões do monopólio do credenciamento, que nos forçaria a tomar o caminho mais seguro, passaríamos aos estudantes a coragem de experimentar.

Para alterar o uso do prédio – transformar o hotel em escola –, eu dependia da autorização da cidade de San Mateo. Não vou descrever os detalhes burocráticos, mas Isaac Pingree produziu o documentário *Draper University of Heroes: the startup*, no qual conta algumas das dificuldades que enfrentamos. Tivemos que organizar quatro eventos, com meses de intervalo, para que os moradores pudessem expor suas ideias e preocupações com nossa escola, pagar por uma análise do tráfego, abrir mão de algumas vagas de estacionamento do hotel e ser o assunto de reuniões de conselhos e comissões na cidade, algumas tão demoradas quanto eu.

As exigências eram tantas que, às vezes, entravam em conflito. Em uma ocasião, o corpo de bombeiros disse que precisávamos de uma escada de emergência externa, enquanto a sociedade histórica nos impedia de alterar a aparência do prédio. Pedi às duas instituições que chegassem a um acordo. Por fim, o corpo de bombeiros venceu, e construímos a escada.

Depois de muito tempo e em especial porque ameaçamos mudar nossas operações para Redwood City, Califórnia, conseguimos a aprovação. Contratamos um empreiteiro que se revelou uma péssima escolha, gerando mais atrito. As obras não tinham terminado ainda quando lançamos a classe piloto, e, embora eu e a cidade estivéssemos de acordo, não fiquei muito satisfeito com o resultado. No entanto, tínhamos uma escola.

Com o prédio pronto e as aprovações necessárias, era o momento de formar uma turma. Recorri aos amigos, colegas de trabalho e contatos para divulgar a notícia de que a primeira turma seria gratuita. Das centenas de solicitações de inscrição que recebemos, escolhemos 40 nomes de indivíduos dispostos a abrir mão de cinco semanas das férias de verão para nos conhecer. Somente então me perguntei o que os alunos fariam. Precisávamos de um currículo, de palestrantes, de atividades e tarefas. Além de planejar jogos e atividades de grupo e de escolher leituras interessantes, busquei os melhores palestrantes. Alguns aceitaram o convite por pura bondade; a outros, ofereci um *bitcoin* como pagamento. Na época, tratava-se de uma moeda exótica, mas, de todo modo, eles aceitaram. Como a proposta era treinar super-heróis, tudo o que fazíamos tinha como foco o heroísmo.

Criei um quadro de diretores bastante diversificado, que muito me agradou: Tina Seelig, autora e professora de empreendedorismo na Universidade de Stanford; Heidi Roizen, minha parceira em muitos negócios e sócia na DFJ; Andy Tang, um capitalista de risco que trabalhou comigo quando formamos o Draper Dragon, o fundo em rede na China; e Cree Edwards, meu melhor amigo desde que nossas mães nos colocaram no mesmo cercadinho. Cree sugeriu que eu criasse uma espécie de juramento, algo que desse o tom da escola e incutisse uma força moral nos estudantes que experimentassem o programa. Fiquei tão animado com a ideia que o juramento praticamente se escreveu sozinho e nunca senti necessidade de alterar uma palavra que fosse. O juramento criado para super-heróis – Startup Heroes – sobreviveria para servir de inspiração a muitas empresas, canções e vitórias, bem como a este livro.

O currículo precisaria ser único, com foco no indivíduo como um todo, na equipe, na visão, no futuro e no espírito de mudança e oportunidade. Como eu desejava o máximo para os estudantes, os dias seriam cheios. A condição de Startup Hero exige treinamento sério e, em muitos casos, um reforço. Para livrar nossos alunos das inibições do Ensino Médio, criei tarefas embaraçosas a cumprir diante dos colegas. Eles deviam perceber que dificuldades (e fracassos) não são definitivos e que é possível sarar as feridas. Para que entendessem profundamente sobre empreendedorismo e finanças, e não se tornasse mais um acúmulo de números, trabalhamos com a Biz World no desenvolvimento de uma simulação. Para que se inspirassem, reunimos um time estelar de palestrantes, que incluía Elon Musk, Ron Johnson e Tony Hsich.

Com o intuito de desafiar física, emocional e intelectualmente os alunos, eu lhes entreguei dez livros sobre assuntos variados (dois por semana); criei o treinamento de sobrevivência, que, mais tarde, seria comandado por uma equipe de Navy Seals – uma das principais forças de operações especiais da Marinha dos Estados Unidos –, guardas florestais e forças especiais, e mandei que telefonassem de surpresa a algumas pessoas, para tentar lhes vender artigos embaraçosos. Convidamos extraordinários conhecedores de determinadas áreas para discorrer sobre o que os levou ao Prêmio Nobel, a empresas de bilhões de dólares ou a posições de liderança. Em seguida, porém, desafiamos o *status quo* ao convidar palestrantes que discordavam dos especialistas citados anteriormente.

Como encerramento do programa, cada estudante teve dois minutos para se apresentar a um grupo de capitalistas de risco, de modo que houvesse um objetivo final. Além disso, realizações individuais rendiam pontos para o grupo, a fim de que todos saíssem de lá sabendo contribuir com a equipe.

Deu certo! Os formandos adoraram, e recebemos muitos *feedbacks* positivos do tipo: "Aprendi mais durante quatro semanas na Draper University do que em quatro anos na Universidade de Stanford"; "Se não fosse pela equipe, não teria me empenhado tanto. Não queria decepcionar os colegas"; e "Tenho muito mais confiança em mim e no que posso realizar".

Passados seis anos da inauguração, a escola continua a crescer. Treinamos cerca de mil estudantes de 73 países. Nossos ex-alunos abriram mais de 300 empresas, e espero ver algumas entre elas se tornarem bastante conhecidas nos próximos cinco a dez anos. Já temos uma empresa unicórnio. E, enquanto escolas famosas lutam para encontrar colocações para seus graduados, o estudante médio da Draper University já criou três empregos. Por isso, promova e contribua para o sucesso da Draper University, ajudando a preparar a próxima geração de super-heróis. Acho que estamos no caminho certo.

Procuramos encontrar alternativas para uma educação padronizada. Ensinamos futuro em vez de história, adotamos uma abordagem baseada na equipe, e não no individualismo, e, embora outras escolas estejam alinhadas com a segurança, nos orgulhamos de ser uma escola perigosa, em que são oferecidos desafios, treinamento para sobrevivência e projetos que admitem diversas respostas. Acreditamos que, diante de uma tarefa, nosso aluno tem uma atuação muito melhor. Quem tem um propósito consegue alcançar qualquer coisa que consegue imaginar.

Steve Jobs, Larry Ellison, Mark Zuckerberg, Elizabeth Holmes, Michael Dell e muitos deixaram a escola para perseguir seus sonhos e foram muito bem-sucedidos – em alguns casos, apesar da educação formal recebida. Na Draper University, abraçamos e apoiamos pessoas que têm o bom senso de romper com o que foi estabelecido para criar empresas capazes de transformar o setor. Procuramos lhes oferecer as ferramentas para que possam ajudar outros a encontrarem o caminho.

Recentemente, conversei sobre a escola com Michael Dell, fundador da Dell Technologies. Ele gostou da ideia.

– Se existisse alguma coisa assim quando comecei, talvez eu não tivesse despedido você.

– Se tivesse frequentado a Draper University, talvez você fosse alguém – respondi brincando.

Para mostrar melhor o que é a escola, leia os discursos que dou no primeiro dia e na aula inaugural.

Discurso de boas-vindas

Sejam todos bem-vindos à Draper University!

A Draper University of Heroes foi criada porque acredito que o mundo precisa de mais Startup Heroes. Vocês foram escolhidos para isso. Mas, para ser um Startup Hero, é preciso passar por um processo. Uma parte do que acontece aqui fará sentido para vocês; outra parte, não. Alguns ensinamentos serão úteis agora; outros, talvez daqui a dez anos, em alguma situação crítica. Pelas próximas sete semanas, vocês serão "heróis em treinamento". Caso sobrevivam, preparem-se para, no final da temporada, serem verdadeiros Startup Heroes.

Vocês criarão uma empresa *startup*: idealizarão e redigir um plano de negócios e prepararão uma apresentação. Não importa se a intenção é participar de uma oferta inicial de moeda, criar uma empresa com ou sem fins lucrativos, um movimento ou uma revolução; espera-se que a entidade seja lucrativa e sustentável. Perder dinheiro ou tomá-lo de ricos ingênuos não melhora o mundo em nada.

Esta escola é uma *startup*. Venham conosco. As regras (poucas) são estas:

- Ajudem uns aos outros. Quando questionado sobre o segredo de seu sucesso, o presidente George H. W. Bush respondeu: "Procurei ajudar as pessoas".
- Apareça. Segundo Woody Allen, "90% do sucesso está em aparecer".
- Mergulhe em todos os projetos. Mantenha o espírito de equipe sempre elevado.
- Faça bagunça, mas deixe tudo em estado melhor do que encontrou. Mantenha a universidade arrumada. Recolha e organize mais do que bagunçou.
- Divirta-se. Sem prazer e senso de humor, ninguém cria um movimento, uma revolução ou uma empresa de bilhões de dólares. Você está aqui para experimentar, saber se vai dar certo ou não. Fazemos questão de que você tente.

Nós os escolhemos para este treinamento porque vimos em vocês algo de especial – ambição, espírito de liderança, paixão... Uma centelha a ser despertada. Cada grupo tem cinco ou seis participantes. Vivam e morram pela equipe. Vocês foram cuidadosamente escolhidos com base em determinados critérios, de modo que os grupos sejam diversificados e desafiadores, mas adequadamente cuidadosos, e funcionem como uma máquina bem lubrificada. Trabalhem juntos. O time vencedor será reconhecido.

Cada equipe acumula pontos conforme seu desempenho, julgado pelas tentativas de feitos extraordinários, mesmo que tenham ou não resultados positivos. No final do curso, espero que todos estejam em processo de criação de uma empresa, pois farão uma apresentação de dois minutos para uma bancada de capitalistas de risco. Pensem nos companheiros de equipe como a diretoria. Eles são diferentes o bastante para oferecer uma ampla perspectiva de seus negócios.

Vocês serão desafiados acadêmica, física, mental, emocional e socialmente. Algumas tarefas propostas parecerão impossíveis, mas o Startup Hero sempre pensa em como acontecerá, e não nas razões de não acontecer. É fácil ser pessimista. No entanto, pessimistas não realizam coisa alguma. O otimismo pode representar boa parte do caminho do sucesso. Seja a pessoa mais entusiástica da turma.

Você é responsável por si. Cuide-se e trate bem nossas instalações. Se for preciso, assuma a responsabilidade pelos colegas de classe e ajude-os.

Durante o mês, esperamos que cada um idealize, planeje e apresente uma visão de negócios. Podem escrever nas paredes, que foram pintadas de branco especialmente para isso, expondo suas ideias. As poltronas fofas servem de assento, de modo que vocês se acomodem para ouvir, assim como ouviam sua mãe contar histórias. O nome da sala ("sala do ovo") remete a uma incubadora, mas, se quiserem quebrar a casca, basta levantar a mão. Nenhuma pergunta é boba. Além disso, perguntas bobas podem levantar questões importantes.

Em vez de profissionais da área acadêmica – raros aqui –, vocês ouvirão pessoas de sucesso em suas áreas de atuação. Em vez de professores, escolhemos pessoas vindas do mundo real. Portanto, sejam tolerantes com eventuais peculiaridades.

Temos uma sala verde e uma sala de som. Sintam-se à vontade para usá-las quando quiserem produzir comerciais, vídeos virais ou para financiamento coletivo. Recomendo que cada um crie um vídeo e um tema musical. Com frequência, haverá filmagens em nossas instalações. Acostumem-se às câmeras. Elas tentarão não interromper o caminho enquanto captam as imagens. Esperamos que vocês sempre pensem na reputação da escola enquanto estiverem aqui.

Recebam bem os mentores, sempre prontos a ajudar, e os especialistas em empreendedorismo, muito importantes em diversas partes do programa.

Familiarizem-se com a cidade. Startup Heroes precisam conhecer o ambiente e os recursos disponíveis. Leiam o currículo e o cronograma, para ter noção do que acontecerá, mas tomem cuidado; podemos fazer (e fazemos) mudanças com frequência – algumas estratégicas, outras por engano.

Levem o telefone celular quando usarem o elevador. Uma vez fiquei preso com Frank e Martin, e não foi nada legal. Martin garante que mandou consertar, mas...

Esta é uma escola de imersão. Haverá atividades diurnas e noturnas. Jogos noturnos fazem parte do currículo. Haverá testes em grupo e com consulta. Será bom organizarem a divisão do trabalho em equipe.

Agora, vamos nos conhecer. Ao ouvir seu nome, levante-se e:
- Descreva seu poder de super-herói.
- Mencione o primeiro ou o último item de sua lista de desejos.
- Tuíte sobre você mesmo. Faça uma dancinha. Sente-se.

Eis o trabalho de casa desta semana:
- Escreva o que planeja ser daqui a dez, vinte, trinta ou quarenta anos.

- Leia os 14 livros esta noite. Haverá um teste amanhã de manhã.
- Memorize o juramento. É nosso lema de super-herói, uma parte importantíssima do treinamento.

Agrupamos as equipes mais ou menos como fez o Chapéu Seletor na história de Harry Potter. As atribuições são definitivas. Vivam e morram pela equipe.

Discurso de encerramento das atividades no dia da formatura

O mundo precisa de mais heróis. Por isso, inauguramos esta escola para formar Startup Heroes. Nosso objetivo foi criar algo diferente, extraordinário. Desejamos fazer desta escola um farol para o futuro, um lugar em que empreendedores possam aperfeiçoar seus poderes de super-heróis. Inovamos na aprendizagem em grupo, no ensino do futuro, no treinamento para sobrevivência e na superação de limitações. Incentivamos a resiliência da mente e do corpo. Acreditamos neste ambiente como um local adequado para a formação de Startup Heroes, a aprendizagem de empreendedores e a realização do impossível. E ainda há muito o que fazer. Espero que vocês nos ajudem nessa missão.

Que transformação! Vocês chegaram aqui como cidadãos com algum potencial para uma vida boa e estão saindo daqui como super-heróis. A partir de agora, a vida será mais carregada de desafios, ousadia e incertezas. Estou orgulhoso desta turma. Vocês visualizaram o futuro, um futuro maravilhoso, cheio de novos produtos e serviços capazes de melhorar nossa vida. Vocês aprenderam como falhar e voltar à luta.

Vocês sobreviveram ao treinamento para a sobrevivência. Aprenderam a viver em um nível mais elevado e desafiador. Aprenderam o que é criar o próprio emprego, o próprio mundo, a própria vida. Com energia e criatividade, criarão empregos e melhorarão a vida dos outros. Vocês sabem que podem realizar mais e mais depressa do que imaginavam e que limites existem para ser superados. Vocês viverão de maneira plena e gratificante. Saberão o que é fracassar e, espera-se, o que é alcançar o sucesso. Saberão o que é viver e experimentar. Peguem o que aprenderam aqui e se esforcem para dar forma a seus sonhos.

Antes da Draper University of Heroes, talvez vocês estivessem satisfeitos com o *status quo*. Tudo bem em arranjar um emprego, formar uma família, viver e morrer sem rugas, evitar encrencas, combater incêndios e não criar barulho. Agora, vocês são o barulho! Entrarão nas chamas para salvar alguém. Criarão empregos. Farão o trabalho duro. Ao assumir desafios enfrentados pelo mundo, não apenas encontrarão uma solução, mas reinventarão o problema.

Vocês serão pessoas únicas. Aquelas que seguem na frente. Que dão o último telefonema. Que dispensam o empregado perturbador ou apático. Que recolhem o lixo. Que fazem a venda decisiva. As primeiras a reduzir o próprio salário. Aquelas fazem a parte difícil.

Vocês serão pessoas únicas. Aquelas que acalmam as desavenças com a imprensa. Que encontram a equipe necessária para o sucesso. Que cuidam para que a empresa faça dinheiro. Que orientam a visão. É com essas pessoas que todos contam para manter o navio no curso.

Vocês serão pessoas únicas. Aquelas que se responsabilizam pelo erro. Que lutam por liberdade. Que cuidam da família e dos amigos. Que pagam adiantado.

Sua vida será desafiadora, mas vocês não estão sós. Encontrarão ajuda. Construíram uma rede de Startup Heroes que, esperamos, estará entre as mais influentes e positivas do mundo, incluindo aqueles que vieram antes e os que virão depois. Eles também terão passado por esse processo. Terão enfrentado desafios. Terão sido testados e terão encontrado força e otimismo interiores. Eles também vieram à Terra com um propósito. Esses Startup Heroes estão e sempre estarão aqui para ajudá-los em suas missões.

Fornecemos muitas das ferramentas de que vocês precisarão no cinto de utilidades, mas, à frente, há desafios a enfrentar, conceitos a absorver, situações a experimentar, para cumprir sua missão de vida. Sigam em frente com gosto e entusiasmo. Agora vocês fazem parte desta escola. Levem-na com vocês e divulguem a palavra. Espero que, de agora em diante, ao respirar, vocês inspirem ar e expirem nossos valores, nossas ideias e nosso lema.

Muitos novos mercados estão disponíveis para vocês; eles são dominados por monopolistas há anos. Tecnologias como localização de mercados específicos, *crowdsourcing*, GPS, *drones*, *big data*, *bitcoin*, *blockchain*, oferecimento inicial de moeda, sequenciamento de DNA, CRISPR, energia solar e outros recursos alternativos de energia, além de muitas outras, permitirão a busca de novos mercados em Fin Tech, Ed Tech, Gov Tech, Med Tech, Transpor Tech e Ag Tech. Suas empresas poderão utilizar plataformas com que os criadores daqueles monopólios apenas sonhavam.

O mundo precisa de mais Startup Heroes, e temos aqui 60 deles. É com orgulho que apresento ao mundo uma nova classe de Startup Heroes desafiada por todos os lados. Eles foram empurrados quando pensavam em parar e sabem que são capazes de muito mais do que imaginavam. Aprenderam com os melhores e mais brilhantes. Atuaram como classe, como equipe e individualmente. Precisaram ser criativos, engenhosos, inovadores e ousados. Tiveram testadas suas qualidades de resistência, agilidade, energia, flexibilidade, rapidez, talento e capacidade de pensar por si. Compreendam, caso pareçam um pouco desorientados, na volta ao mundo real. Eles foram transformados. Agora, são Startup Heroes e veem as coisas de modo diferente.

Foram sete semanas emocionantes! Realizamos muito, mas ainda temos muito a caminhar. Esta classe, tão diversificada, foi extraordinária! Vocês são super-heróis!

Esta classe tem um potencial com que nem ousávamos sonhar quando lançamos a Draper University of Heroes. Obrigado. Vocês fazem o esforço valer a pena.

Todos os formandos receberão capa, máscara e um cristal. Vocês podem usar o cristal para obter força em momentos difíceis, e a capa e a máscara, ao entrar em ação.

Será uma reentrada – como na volta do SPA, no jet lag ou no choque cultural. Principalmente no choque cultural. Potencializem a volta. Vocês, agora, são vocês mesmos. São matéria-prima, capazes de grandes feitos. O mundo parecerá cinza. Cabe a vocês colorir, salvar e mudar o mundo.

Vida longa e próspera. Com o poder vem a responsabilidade. Aproveitem a jornada. Para o alto e avante.

QUESTIONÁRIO SOBRE EVANGELISMO

1. Já evangelizou alguma coisa? Que desafios enfrentou?
2. Que resistência precisou superar?
3. Quem eram seus rivais? Como lidou com eles?
4. Como acrescentou alma ao que estava fazendo?
5. Como evangelizará a sua *startup*?
6. Telefone para alguém que lhe pareça ter espírito empresarial e o conecte com a Draper University. Alcançamos cerca de 97% de sucesso na transformação de alunos em Startup Heroes. Contribua para dar uma chance a essa pessoa.

O ENIGMA DO EVANGELISMO

Digamos que você seja uma das cem pessoas a jogar *American Eagle*, um jogo em que o participante começa sozinho e precisa interceptar quem passa, "recrutando" novos interceptadores para a próxima passada. Cada interceptador tem R* 1/200 de chance de agarrar alguém, em que R corresponde ao número de corredores restantes (aqueles que ainda não foram apanhados nem recrutados). Quantas passadas, em média, serão necessárias até que todos sejam interceptados e recrutados? Em quanto tempo será recrutada a maioria de dois terços?

O compromisso do cisne negro

Estou preso a este juramento, a menos que, em minhas viagens, eu descubra que, de algum modo, deixei de perceber algo importante e extraordinário.

EXCEÇÕES

Algumas das melhores oportunidades ocorrem quando surge uma situação inesperada. Sempre se pensou que todo cisne fosse branco, até que alguém na Austrália descobriu um cisne negro. Em outra parte do mundo, o termo "cisne negro" foi adotado quando um(a) empreendedor(a) alterou o panorama do setor. Quero ter certeza de sua preparação quando o panorama de seu setor mudar.

Em minha casa, não assistimos a noticiários. As notícias promovem o medo, e o medo congela. Por medo, o veado fica imóvel ao se deparar com a luz dos faróis do carro. Ninguém quer ser atropelado. Recomendo tomar conhecimento do que se passa no mundo por meio de áudio ou texto. Melhor ainda: saia e experimente o mundo ao vivo. De algum modo, imagens visuais fazem o subconsciente se sentir propenso a congelar.

Em um dia comum, as notícias podem cobrir uma crise financeira, a explosão de uma bomba na Índia, a violência no Congo, um terremoto no Paquistão, o protesto dos sírios contra um ataque dos Estados Unidos, a descoberta de uma arma perto de um cadáver... No entanto, um dia comum em sua vida pode incluir um encontro especial, uma boa venda, a visita ao bebê de um amigo, um plano de negócios, uma apresentação, um passeio com o cachorro, a preparação do jantar, a compra de um presente. Ou, então, uma palestra, o fechamento de um contrato, uma corrida em volta dos esguichos que molham um jardim em um dia de calor, uma viagem à Índia, ao Congo, ao Paquistão ou à Síria. Tente se concentrar em sua vida. Richard Edelman, fundador da maior empresa de relações públicas do mundo, me deu um ótimo conselho: "Neste novo mundo de mídias sociais, as empresas precisam criar a própria mídia, divulgar as próprias notícias". Não dê tanta atenção a notícias assustadoras; saia e crie suas notícias.

Ao ler os jornais, desconfie. Faça perguntas do tipo: "Qual é a perspectiva do jornalista? Ele está sendo manipulado por algum governo ou alguma instituição, ainda que de forma sutil? Quem está se beneficiando com esse artigo?". E leia muitas publicações, de preferência de diversas partes do mundo. Talvez uma anuncie "A terrível Coreia do Norte ameaça Guam" enquanto outra diz "Imperialistas pressionam a Coreia do Norte".

Decida se quer espalhar a cultura do medo ou da oportunidade. Recomendo a da oportunidade. Em casa, no escritório, na escola e neste livro, focamos a oportunidade.

Em 2008, quando os mercados despencaram, um grande capitalista de risco enviou uma mensagem aos CEOs de seu portfólio, recomendando a redução nos gastos. A mensagem vazou para a imprensa e criou pânico. As pessoas congelaram de medo. Quando as empresas recuam e nenhuma avança, a economia pode entrar em uma espiral viciosa descendente.

A mensagem que passamos a nossos CEOs foi muito diferente e mais individualizada: "Vocês são empreendedores. Têm visão. Podem transformar o nada em alguma coisa. Esse pânico representa uma das melhores oportunidades. O jogo mudou. Mude sua empresa. Faça-a funcionar no novo ambiente". Alguns de nossos CEOs viram nisso a desculpa perfeita para fazer as mudanças que há muito desejavam, ou seja, dispensar funcionários que prejudicavam a empresa. Outros reduziram a equipe aos elementos essenciais. E outros, ainda, aproveitaram a imobilidade dos concorrentes para investir na empresa e aumentar sua fatia do mercado.

Eu fazia parte da diretoria de uma empresa chamada Glam Media (mais tarde, Mode Media), um blog de moda. Considerando que os gastos eram muitos para pouco progresso, a diretoria pediu ao CEO, Samir Arora, que cortasse os gastos. Samir sabia que o corte de gastos implicaria mudança no modelo de negócios e começou a elaborar um modelo novo. Assim, criou um cisne negro: o conceito de vender anúncios por múltiplos blogs. Uma ideia brilhante que o ajudou a desenvolver o que se tornou a primeira rede de anúncios. A receita da Glam chegou a 100 milhões de dólares. Anos mais tarde, a empresa fechou as portas, mas essa é outra história.

Nos diversos fundos Draper a que me associei, consegui apoiar muitos cisnes negros. O Hotmail foi um deles. Veio do nada, ninguém sabia da existência da empresa. O *Bitcoin* é outro cisne negro. A Twitch.TV é um cisne negro. A Tesla também.

Cisnes negros existem e abalam o mundo dos negócios. Transformam setores e, em consequência, a sociedade. Quando vir um cisne negro, prepare-se para fazer ajustes e inovar.

QUESTIONÁRIO SOBRE CISNES NEGROS

1. Já viu um cisne negro? Sabia da existência deles?
2. Faça uma lista de inovações que podem resultar de duas situações não relacionadas.
3. Sua empresa está preparada para se ajustar a todas as tecnologias do cisne negro que surgir?
4. Consegue pensar em mudanças na tecnologia ou no mercado que tornariam sua empresa vulnerável ou impraticável?
5. Está alerta para um possível cisne negro que ajude sua *startup* a saltar na frente dos concorrentes?
6. Descubra uma regra a que muita gente seja apegada. Encontre uma exceção à regra e fale dela em conversa.

O ENIGMA DO CISNE

Você tem quatro cisnes em um saco. Um é negro. Você pega um deles e, antes que consiga ver a cor, ele voa. Qual é a probabilidade de o próximo cisne que você puxar ser branco?

CONCLUSÃO

Conclusão

Não é fácil tornar-se um Startup Hero. Os desafios estão em toda parte. Mas, se em seu coração houver entusiasmo e em sua cabeça houver energia, além de disposição para fazer o que for preciso, você pode ser um deles – talvez o próximo Gates, Zuckerberg, Bezos, Brin, Page, Hewlett, Packard, Ford, Procter, Gamble, Disney ou Nakamoto. A vida será ao mesmo tempo difícil, excitante, desafiadora, especial e constantemente mutável. Saiba, porém, que o fracasso também é importante. Tanto administrando os próprios empreendimentos quanto gerenciando negócios alheios, lembre-se: quem provoca movimento alavanca o progresso.

Tudo é possível.

NOTA FINAL: O MESTRE DO RISCO

Bob Russ foi o criador da Unity Systems, um sistema de gerenciamento doméstico que controlava os confortos do lar. O esclarecedor encontro que tive com ele representou uma de minhas primeiras experiências com um verdadeiro empreendedor. Eu me impressionei com a clareza, o foco e a determinação dele. Para movimentar os negócios, Bob aceitava 30 cartões de crédito diferentes. Nunca encontrei um empreendedor tão apaixonado.

Bob contratou Tom Riley, que conquistara o título de MBA em Harvard. No entanto, Tom se frustrou com os horários estranhos, as declarações incoerentes e a má gestão do pessoal e pediu à diretoria que afastasse Bob. Na época, foi uma decisão difícil. Novato no ofício, eu me submeti aos investidores mais antigos. Uma das tarefas da diretoria é contratar e demitir o diretor executivo, e, na hora da decisão, acompanhamos Tom, o sábio mestre de Harvard. De algum modo, porém, deveríamos ter mantido os dois. Bob era o coração da empresa, e Tom, a mente.

Ao deixar a empresa, Bob levou a mesma paixão do início. Ficou amargurado, furioso e, embora fosse um grande acionista, quase desejou que os negócios desandassem. Ainda acredito que o espírito empreendedor se foi com ele. Durante anos, Tom trabalhou incansavelmente para alcançar o sucesso, mas sem o entusiasmo, a visão e a determinação de Bob, a empresa acabou.

Tom se tornou um diplomata muito bem-sucedido e serviu como embaixador no Marrocos. Nunca mais tive notícias de Bob.

O fracasso que tive como membro do conselho diretor da Unity me fez acreditar que paixão e tino nos negócios são necessários à empresa. As qualidades que levam ao sucesso raramente cabem em um único indivíduo. Acredito que todo empreendimento precisa de coração (como Bob) e mente (como Tom). Se o coração se vai, a empresa morre. Se a mente se vai, a empresa consegue se manter, mas não alcança o sucesso que merece.

Por mais que eu tenha tentado apoiar empreendedores, muitas vezes me encontro pregando no deserto. Empresas têm vida própria e, às vezes, quando se trata de praticidade, o empreendedor atrapalha, indo além do desejo de construir a visão. Descobri que, quando perde os fundadores, a empresa fica vazia.

As experiências que tive com Bob e outros Startup Heroes contribuíram para me definir como capitalista de risco. Minha missão tem sido apoiá-los; dar suporte a esses indivíduos, muitas vezes incompreendidos por deixarem a empresa mais perto da beira do abismo do que desejaria o conselho diretor e, ainda assim, conservarem a coragem e a visão capazes de mudar o mundo. Eles precisam de respeito e proteção para conseguir lidar com diretores impacientes, que talvez não tenham tanta percepção ou tolerância com relação ao risco.

Bênção

Tudo indica que novas tecnologias têm substituído a necessidade de um grande número de funcionários. Inteligência artificial, mercados e tecnologia de *blockchain* prometem melhorar a vida dos consumidores, enriquecer a sociedade como um todo e proporcionar aos trabalhadores tempo livre para atividades alheias à profissão. As tarefas mais adaptadas a computadores são aquelas monótonas, tais como levar coisas ou pessoas de um lugar a outro, analisar padrões de dados de clientes e administrar regulamentações. Essas tarefas monótonas dão lugar a outras mais abstratas (e francamente mais interessantes), tais como monitorar veículos autônomos, enriquecer as experiências dos clientes e aperfeiçoar serviços bancários, legais, contábeis, ou mesmo governamentais.

Embora alguns possam encontrar dificuldade para se ajustarem ao novo mundo, as tarefas nesse mundo novo serão mais atraentes e gratificantes. Afinal, antes da Revolução Industrial, a maioria das pessoas trabalhava em fazendas. Com a automação, boa parte desses trabalhos manuais foi substituída por outros mais intelectuais, e nos adaptamos. O progresso tecnológico nos conduz a uma transformação similar. Talvez, no futuro, o comentário seja:

– Coitada daquelas pessoas que precisavam dirigir veículos! Imagine, perder duas horas por dia dentro de um carro!

A tecnologia impulsiona o progresso da humanidade. Os trabalhadores precisarão se adaptar às mudanças tecnológicas e se reinventar para encontrar novos empregos. Se o mundo caísse na estagnação, essas mudanças deixariam muitas pessoas sem trabalho. No entanto, os seres humanos são adaptáveis e criativos, e estou otimista em relação a esse futuro tecnológico.

A tecnologia avança a uma velocidade jamais vista na história. Segundo a Lei de Moore, a potência dos computadores dobra a cada dezoito meses. E as descobertas surgem à medida que se intensifica a inteligência dos computadores. Cada nova geração faz mais por nós do que a anterior. A Lei de Moore é complementada pela Lei de Metcalfe, segundo a qual o poder de uma rede depende do número de pessoas que a compõem. Isso pode ser mais bem-observado com o aumento da quantidade de telefones celulares que usamos para nos comunicarmos; são eles que constroem a informação sobre quem somos, onde estamos, quando estaremos em determinado lugar, quem são nossos amigos, o que comemos, quanto dinheiro podemos receber pelo que fazemos a alguém, qual é o uso mais eficiente de nosso tempo e outros padrões de comportamento.

E o progresso não é linear. Ele é acelerador. Visto que, no ano anterior, fazíamos dois terços do que fazemos hoje com recursos equivalentes, há quinze anos, conseguíamos cerca de um milésimo do que conseguimos atualmente.

É preciso prever o progresso. Àqueles que procuram uma ocupação para não serem desintermediados pela futura onda de mudanças tecnológicas, recomendo projetar-se em um plano futuro e imaginar como será o mundo daqui a dois, três, quatro ou mais anos, para, então, decidir como servirá melhor à sociedade. Caso precise pensar em conseguir (ou criar) uma ocupação no presente, estude quais são as tendências mais relevantes e quais mercados conservarão sua importância no futuro.

Além disso, precisamos de visionários. Pessoas capazes de transformar setores, captar a curva exponencial da tecnologia e surfar essa onda rumo ao sucesso, para criar novos empregos e melhorar as perspectivas para os seres humanos em particular e para a humanidade como um todo. Esses são os Startup Heroes de amanhã. Talvez você seja um deles!

Avaliação De Um Startup Hero

VOCÊ TEM AS QUALIDADES NECESSÁRIAS PARA SER UM EMPREENDEDOR STARTUP HERO?

Qual é seu potencial como Startup Hero? Para descobrir, faça esta avaliação. (Nota: Trata-se de uma avaliação completamente subjetiva e sem comprovação científica.) As respostas são por sua conta e risco. Como o principal objetivo do questionário é a diversão, não confie no teste para determinar seu potencial. Somente você sabe se é capaz de ser um Startup Hero.

Caso alcance uma pontuação baixa, não se assuste. A Draper University está aí para reformular suas ideias.

Entre estas, marque as três pessoas que mais admira. Escolha pelo menos um homem e uma mulher.
- George Washington.
- Henry Ford.
- Arnold Schwarzenegger
- Hillary Clinton
- Sheryl Sandberg.
- Oprah Winfrey.

Você consome álcool?
- Sim
- Não.

Qual destes considera o melhor uso do dinheiro?
- Proporcionar liquidez à sociedade
- Realizar minha visão

- Comprar um bom carro ou uma boa casa.
- Fazer o cliente demonstrar quanto aprecia meu produto.

Você acredita que o processo de admissão na universidade funcionou para você?
- Sim
- Não.

Já teve algum problema com as autoridades?
- Sim.
- Não

Já salvou alguém de um incêndio, um afogamento ou de alguma situação em que a vida da pessoa estivesse em risco?
- Sim.
- Não

Você é mulher?
- Sim.
- Não

Prefere vermelho ou verde?
- Verde.
- Vermelho

Você é o segundo, terceiro filho ou mais do que isso?
- Sim.
- Não

Você se irrita quando as coisas não acontecem de acordo com seus planos?
- Sim
- Não.

Gosta de atividades criativas?
- Sim.
- Não

Seu pai ou sua mãe são empresários?
- Sim.
- Não

Em relação à sua altura, você é alto(a) ou baixo(a)?
- Alto(a).
- Baixo(a)

Você tem algum tipo de sexto sentido?
- Sim.
- Não

Procura maneiras de promover melhorias?
- Sim.
- Não

Gosta de fazer consertos em peças mecânicas?
- Sim.
- Não

Você é formado(a) em Engenharia ou Marketing?
- Sim.
- Não

Gosta de dizer às pessoas o que elas devem fazer?
- Sim
- Não.

Pretende construir um império?
- Sim
- Não.

Em relação à aparência, você se destaca pela feiura ou pela beleza?
- Sim.
- Não

Você gosta quando o mais fraco vence o jogo?
- Sim.
- Não

Qual é sua principal motivação para uma viagem?
- Aprender sobre a história
- Compreender as culturas.
- Aprender o idioma
- Conhecer pessoas.
- Viver novas experiências.

Você dá importância ao status?
- Sim
- Não.

Costuma estar a par das tendências?
- Sim
- Não.

Costuma mudar sua aparência regularmente?
- Sim
- Não.

Você tem outras preocupações além do que os outros consideram normal?
- Sim.
- Não

Critica as pessoas mais extrovertidas?
- Sim
- Não.

Você costuma dizer "Deveria haver uma lei"?
- Sim
- Não.

Você costuma dizer "Vamos ser razoáveis"?
- Sim
- Não.

Você costuma empregar a palavra "impossível"?
- Sim
- Não.

Você costuma dizer "E se você…", "E se eu…" ou "E se nós…"?
- Sim.
- Não

Você costuma dizer "O que vai volta"?
- Sim
- Não.

Você costuma dizer "Ao trabalho!"?
- Sim.
- Não

Você sabe quanto dinheiro tem?
- Sim
- Não.

O que gostaria de fazer? (Escolha duas opções.)
- Mudar a mente das pessoas.
- Melhorar a vida dos pobres.
- Construir alguma coisa com seu nome
- Ganhar dinheiro.
- Contribuir para o progresso.
- Ter algo a fazer

Algumas respostas têm um ponto-final. Conte suas respostas com ponto-final. Se alcançar mais de 15, você pode ter um propósito maior. Venha para a Draper University. Se alcançar menos de 15, ainda assim pode haver um propósito maior para você, e a Draper University está aí para ajudá-lo.

Agradecimentos

Agradecimentos especiais a todos que me ajudaram a realizar este livro. À minha mulher, Melissa, por ter lido os originais e sutilmente me dizer que eu deveria começar novamente. A Wendy McArdle e sua irmã, Shannon Topalovich, por acrescentarem toques especiais e aperfeiçoarem os detalhes. A Gil Lubetsky, pelas diversas vezes em que salvou este livro quando eu apagava o arquivo sem querer ou o computador dava problema. A Megan Kurohara, pelas publicações nas mídias sociais. A Andy Tang, pelo incentivo para continuar. A Siri Srinivas, por tentar fazer deste um livro politicamente correto. A Rohan Gupta, pela presteza com que me socorria. A todos os parceiros e aos participantes do Draper Funds, pelo envolvimento nas experiências mencionadas. A Steve Jobs, pela criação do iPhone, no qual escrevi a maior parte deste livro. À United Airlines, por haver me proporcionado incontáveis horas em seus aviões, as quais aproveitei para recordar histórias. A todos os empreendedores que conheci e me motivaram a escrever este livro para futuros empreendedores. A meu pai, que foi o primeiro a ler e comentar o que escrevi. A todos os citados neste livro, e a você, que está lendo este livro. Amo vocês.

IMPRESSÃO:

PALLOTTI
GRÁFICA

Santa Maria - RS | Fone: (55) 3220.4500
www.graficapallotti.com.br